, 30 de setembro de 1948.

...ilo amigo: Há vários dias estou para lhe escrever. Mas você não ...
quantas complicações tem passado êste pobre. Andei caningado, ...
..ca, com embaraços por todas as latitudes. Agora, estou repondo ...
..lugares, já não tenho o rosto inchado, paguei uma letra noBanco ...
..vo, as coisas vão indo. Ainda há o que fazer, muito, mas espere...
..s. Por tudo isso, tenho andado sumido. Não escrevo cartas, gêne...
..fui outrora dedicado. Meus correspondentes desapareceram, ning...
..ponde, grito, não há nem éco. Você é o único mineiro fiel, o ún...
..dessas montanhas que estrangulam a alma dessa gente mesquinha ...
..coração de pedra num peito de gêlo. Você pulsa, pulsa de tristez...
..paro, dói em mim, você me dói, meu velho Murilo, mas ainda bem. ...
..le dia pelo telefone, da casa do Fernando, que tinha recebido ...
..e gostado. Gostei mesmo. Estava esperando oportunidade de poder ...
..-lhe com calma, dizendo o que acho. Não sei se posso fazer agor...
.. muito tarde e tenho de levantar cedinho amanhã. Agora, me dei...
..s de meia-noite, às 11 em geral, e me levanto no máximo às oit...
..l, não tenho nada para fazer ... madrugada.
..nto. Estou me dando bem com o ... e fumar há ...
.. parei de ter dôr de cabeça. ... nunca fui d...
..á). Pode ser que tudo aconteça de novo, mas até aqui estou ind...
.. Só não me curei do hábito de ficar matutando e ir entristecen...
..tecendo, lenta, lentamente, doce-docemente, até sangrar de dúv...
..teza, até duvidar da minha própria existência. Ainda hoje foi ...
..que o meu dia astrológico me previa contrariedades. Estou numa ...
..essão, me dá um infantilismo retrógrado, me sinto um bebê, um ...
.. vontade de ficar protegido, embalado, acarinhado, fora do mund...
..udo, confiando em alguma coisa frágil, mas poderosíssima, como ...

PÁGINAS ANTERIORES

Murilo Rubião e Otto Lara Resende
na redação do *Suplemento Literário
de Minas Gerais*, 23/07/1970

Cleber Araújo Cabral
(ORGANIZAÇÃO, PREFÁCIO E NOTAS)

MARES INTERIORES
CORRESPONDÊNCIA DE MURILO RUBIÃO & OTTO LARA RESENDE

autêntica   EDITORAufmg

Copyright © 2016, herdeira de Murilo Rubião
Copyright © 2016, herdeiros de Otto Lara Resende
Copyright © 2016, Editora UFMG
Copyright © 2016, Editora Autêntica

Todos os esforços foram feitos no sentido de encontrar os detentores dos direitos autorais das obras que constam deste livro. Pedimos desculpas por eventuais omissões involuntárias e nos comprometemos a inserir os devidos créditos e corrigir possíveis falhas em edições subsequentes.

Todos os direitos reservados pela Autêntica Editora e pela Editora UFMG. Nenhuma parte desta publicação poderá ser reproduzida, seja por meios mecânicos, eletrônicos, seja via cópia xerográfica, sem a autorização prévia das Editoras.

As Editoras agradecem ao Acervo Murilo Rubião (AMR/AEM/CELC/UFMG), ao Acervo Otto Lara Resende (AOLR/IMS-RJ) e ao Arquivo da Imprensa Oficial de Minas Gerais pela valiosa contribuição para esta publicação.

COORDENAÇÃO EDITORIAL
Camila Figueiredo

DIREITOS AUTORAIS
Anne Caroline Silva

COORDENAÇÃO DE TEXTOS
Lira Córdova

PRODUÇÃO GRÁFICA
Warren Marilac

EDITORA RESPONSÁVEL
Maria Amélia Mello

ASSISTENTE EDITORIAL
Rafaela Lamas

REVISÃO
Lúcia Assumpção

CAPA
Diogo Droschi

DIAGRAMAÇÃO
Waldênia Alvarenga

Dados Internacionais de Catalogação na Publicação (CIP)
(Câmara Brasileira do Livro, SP, Brasil)

Mares interiores : correspondência de Murilo Rubião & Otto Lara Resende / Cleber Araújo Cabral (organização, prefácio e notas). -- 1. ed -- Belo Horizonte : Autêntica Editora : Editora UFMG, 2016.

ISBN 978-85-513-0067-1 (Autêntica Editora)
978-85-423-0200-4 (Editora UFMG)

1. Cartas brasileiras 2. Otto Lara Resende, 1922-1992 - Correspondências 3. Rubião, Murilo, 1916-1991 - Correspondências I. Cabral, Cleber Araújo.

16-07056

CDD-869.6
-869.96

Índices para catálogo sistemático:
1. Cartas : Literatura brasileira 869.6
2. Correspondência : Literatura brasileira 869.96

(EDITORAufmg)

Av. Antônio Carlos, 6.627 | CAD II | Bloco III
Campus Pampulha | 31270-901 | Belo Horizonte-MG | Brasil
Tel.: (55 31) 3409 4650 | Fax: (55 31) 3409 4768
www.editoraufmg.com.br | editora@ufmg.br

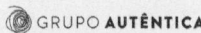
GRUPO AUTÊNTICA

Rio de Janeiro
Rua Debret, 23, sala 401
Centro . 20030-080
Rio de Janeiro . RJ
Tel.: (55 21) 3179 1975

www.grupoautentica.com.br

Belo Horizonte
Rua Carlos Turner, 420,
Silveira . 31140-520
Belo Horizonte . MG
Tel.: (55 31) 3465 4500

São Paulo
Av. Paulista, 2.073,
Conjunto Nacional, Horsa I
23º andar . Conj. 2301 .
Cerqueira César . 01311-940
São Paulo . SP
Tel.: (55 11) 3034 4468

UNIVERSIDADE FEDERAL DE MINAS GERAIS
REITOR Jaime Arturo Ramírez
VICE-REITORA Sandra Regina Goulart Almeida

EDITORA UFMG
DIRETOR Flávio de Lemos Carsalade
VICE-DIRETOR Roberto Alexandre do Carmo Said

CONSELHO EDITORIAL
Flávio de Lemos Carsalade (PRESIDENTE)
Danielle Cardoso de Menezes
Eduardo de Campos Valadares
Élder Antônio Sousa Paiva
Fausto Borém
Maria Cristina Soares de Gouvêa
Roberto Alexandre do Carmo Said

ABREVIAÇÕES

AMR/AEM/CELC/UFMG – Acervo Murilo Rubião / Acervo de Escritores Mineiros / Centro de Estudos Literários e Culturais / Universidade Federal de Minas Gerais

AOLR/IMS-RJ – Acervo Otto Lara Resende / Instituto Moreira Salles – Rio de Janeiro

H.P. – Hélio Pellegrino

JCMN – João Cabral de Melo Neto

MR – Murilo Rubião

O. – Otto

OLR – Otto Lara Resende

P.E. – Polícia do Exército

SL – *Suplemento Literário de Minas Gerais*

AGRADECIMENTOS

À Adriana, barco, oceano e porto, pelo amor, auxílios e companhia constantes.

À família de Murilo Rubião, especialmente a Sílvia Rubião, que desde o início acolheu a proposta de edição desta correspondência.

À família de Otto Lara Resende, por concordarem em propiciar o reencontro de Murilo e Otto.

À equipe do Acervo de Escritores Mineiros, sediado na UFMG, em especial aos funcionários Antônio Afonso Pereira Júnior, Márcio Flávio Tôrres Pimenta, Maria Madalena P. A. Rocha e Adrieli Sandra, pelo auxílio e prestimosidade.

À equipe do Instituto Moreira Salles, no Rio de Janeiro (Coordenadoria de Literatura), especialmente à Manoela Purcell Daudt d'Oliveira, pela solicitude com que me recebeu nas dependências do IMS, bem como pela agilidade com que respondeu aos meus e-mails no curso dos últimos cinco anos.

Aos professores Eneida Maria de Souza (UFMG), Marcos Antonio de Moraes (USP) e Reinaldo Martiniano Marques (UFMG), por todas as conversas e orientações no trato com arquivos e cartas de escritores.

SUMÁRIO

13 · PREFÁCIO

23 · NOTAS À TRANSCRIÇÃO DAS CARTAS

27 · CARTAS

29 · Rio – Belo Horizonte (1945-1952)

107 · Madri – Bruxelas (1957-1959)

145 · Belo Horizonte – Lisboa – Rio de Janeiro (1966-1991)

175 · PERFIS BIOGRÁFICOS

185 · ANEXOS

187 · Ausência (para *Tentativa*)
Murilo Rubião

188 · Literária - "Convidando uma geração a depor"
Otto Lara Resende

191 · Literária - "Convidando uma geração a depor"
Murilo Rubião

194 · "Posso garantir, no entanto, que todos somos uns bons rapazes. É a única coisa de que estou certo"
Otto Lara Resende

199 · Adesão ao herói de nosso tempo
Otto Lara Resende

206 · Depoimento e vida
Murilo Rubião

215 · BIBLIOGRAFIA DE APOIO

219 · CRÉDITOS DAS IMAGENS

PREFÁCIO

Mares Interiores

Os propósitos eram bons, a terapêutica (com base no iodo e uísque), correta. Entretanto, havia mares interiores.
Murilo Rubião, carta 08

Pois o que é preciso é alçar as âncoras e partir. Partir! Partir! (Creio que realizo a viagem temerária pelos mares interiores).
Otto Lara Resende, carta 16

A organização, a descrição e o estudo da correspondência de Murilo Rubião (1916-1991) e Otto Lara Resende (1922-1992) têm por objetivo trazer a público as cartas que trocaram por mais de 40 anos (1945-1991). A edição desses documentos, obra do tempo de inegável valor literário, mas também histórico, visa atender aos leitores interessados no período da cultura e da literatura brasileira vivido pelos dois escritores. Além de apresentar feição pouco conhecida da obra de Murilo e de Otto (a de "carteadores"), o livro contribuirá para o conhecimento da vida pessoal, de facetas do processo de criação literária, das redes de convivência com escritores, intelectuais e políticos, bem como da linguagem e da cultura das épocas em que viveram.

Como toda correspondência, a de Murilo Rubião com Otto Lara Resende constitui um conjunto tanto de instantâneos autobiográficos como de "retratos do Brasil". Além de flashes do contexto sociopolítico vivenciado por Murilo e Otto, as cartas tanto possibilitam observar o processo de construção de suas obras como propiciam a composição de retratos (parciais e passíveis de rearranjo) de ambos. Uma possibilidade de leitura desse álbum do tempo – ou de memórias – consiste em ler esse conjunto epistolar como um romance de formação,[1] no qual podemos perceber as etapas da trajetória de construção do caráter, do aperfeiçoamento em direção ao conhecimento de si e do mundo tanto da parte de Murilo como de Otto. Pode-se dizer que há duas linhas de força que atravessam e estruturam o diálogo desses escritores: o processo de conhecimento de si e a especulação acerca do destino literário – ou da "chance de posteridade".

A correspondência se inicia "no meio do caminho", quando a amizade desses escritores já está consolidada, não fornecendo dados sobre o princípio dessa história, nem tampouco o contexto em que os dois se conheceram. Entretanto, seus arquivos apresentam indícios das circunstâncias em que parece

---

[1] Tal ideia soa interessante, tendo em vista que o processo de composição dos arquivos pessoais de escritores se dá com o objetivo de construir "o livro da própria vida" a partir da recolha e da organização de fragmentos de circunstâncias (sendo o diálogo epistolar uma dessas). Tal ideia foi elaborada pelo crítico Marcos Antonio de Moraes a partir de um comentário feito por Manuel Bandeira em uma carta enviada a Mário de Andrade. Certo dia o poeta de *Libertinagem*, ao ler seu arquivo pessoal de correspondências recebidas de Mário, Ribeiro Couto e outros amigos, comenta ao autor de *Macunaíma* que esse material "tão rico em substância humana", deu-lhe "a impressão de ter lido um romance do tipo do *Contraponto* de [Aldous] Huxley ou do *Manhattan transfer* do [John] dos Passos". Ao aproximar dois romances de vanguarda aos diálogos epistolares mantidos com amigos, Bandeira abre "perspectivas para se trilhar também a correspondência [...] como um "romance"". Para mais detalhes, ver Moraes (2001, p. 13).

ter ocorrido tal encontro. Otto inicia a carreira de jornalista em 1939, no jornal *O Diário*, em Belo Horizonte. Nessa ocasião, conhece João Etienne Filho, diretor da publicação e integrante da revista literária *Tentativa*,[2] da qual Murilo, à época redator do jornal *Folha de Minas*, também fazia parte. É por intermédio de Etienne que Otto conhecerá, entre outros, Paulo Mendes Campos, Fernando Sabino, Guilhermino César e, claro, Murilo Rubião. É, portanto, no espaço do jornal, ambiente de iniciação à vida literária, que se dá o encontro entre os dois companheiros de geração.

Duas vidas, três momentos

No conjunto epistolar que ora se apresenta, é possível notar três momentos desse processo de formação: inicialmente, entre 1945 e 1952, as cartas abreviam a distância entre Belo Horizonte e o Rio de Janeiro. De 1957 a 1959, ligam Madri a Bruxelas. Por fim, de 1966 a 1991, a correspondência faz a ponte aérea Belo Horizonte-Lisboa e, posteriormente, retorna ao porto inicial, conectando Belo Horizonte ao Rio de Janeiro.

O primeiro momento (1945-1952) é o mais breve em termos cronológicos, mas foi aquele no qual ocorreu o maior volume de cartas (57, no todo). Nessa fase, vemos o retrato em movimento de dois escritores quando jovens, em busca do aprimoramento de seus instrumentos de escrita e no estágio inicial da elaboração de suas obras literárias.

Nas cartas desse contexto, como também no restante da correspondência, vê-se uma troca de confidências pautada na

---

[2] Revista literária, de tendências católicas, editada por jovens moços de Belo Horizonte, estudantes da Faculdade de Direito da Universidade de Minas Gerais (atual UFMG). Foram publicados nove números entre abril e novembro de 1939. Participaram da revista Armando Más Leite, Euler Ribeiro, Hélio Ribeiro, Jair Rebelo Horta, João Etienne Filho, Juventino Lemos, Milton Sales, Murilo Rubião, S. Oliveira Sales e Décio Rocha; no terceiro número, Alphonsus de Guimarães Filho e Nazareno Alphonsus.

reciprocidade, em afinidades eletivas e na ausência de hierarquias – a despeito da diferença de seis anos entre Otto e "o irmão mais velho atento e atencioso", como Murilo é descrito na crônica "Seus amigos e seus bichos".[3] Antes, ambos se tratavam como confrades de boemia jornalística e literária, além de sócios de curiosas irmandades literárias (ao que consta, inexistentes), como a "Dragon's Literary Guild", a "Comunidade kafkiana" e o "Sindicato do Alfredo".

Aqui, a carta assume a função de zona franca, confessionário, mas também laboratório, espaço de troca de ideias, da "escrita compartilhada", feita mediante a permuta de manuscritos, mas, sobretudo, lugar de "puxar esquecidas angústias". O tom abertamente confessional das cartas, nesse momento, quase as transforma em "cartilhas de tristeza" e "cadernos de melancolia". O tédio e a tristeza emergem de boa parte da correspondência de Murilo e Otto na década de 1940, mas também se espraiam naquelas trocadas durante a estada europeia de ambos. Além de falarem dos dissabores cotidianos, não são poucas as cartas em que ambos expõem as inquietações existenciais que rebentam em seus tumultuosos "mares interiores" – como os dramas amorosos, a insatisfação com a própria ficção, a vocação para a literatura, as dúvidas e as questões religiosas. Não à toa, Murilo e Otto se identificam com Alfredo, personagem que dá título a um dos contos de *O ex-mágico*. Nesse texto, um homem, depois de fracassadas tentativas de fugir do passado e de conviver com seus semelhantes, transforma-se em um dromedário que vaga por terras estranhas sem a esperança de um paradeiro. Cabe observar que essa tendência trágica e a sensação de desamparo, traduzidas em certo *gauchismo* (herdado, sem dúvida, de Carlos Drummond de Andrade), perpassam a correspondência (e a obra

---

[3] RESENDE, 1993, p. 116. Nesse texto, escrito por ocasião da morte de Rubião em 16/09/1991, Otto traça um perfil do amigo a partir da evocação de algumas situações que viveram juntos.

literária) dos missivistas. Entretanto, convém salientar que tais questões apontam para um conjunto de inquietações comuns à geração de escritores (como os participantes da revista *Edifício*, em que Otto publicou alguns textos) que desponta no cenário literário belo-horizontino da década de 1940.

No plano pessoal das vidas de Murilo e de Otto, ocorrem fatos significativos. Em 1945, o recém-formado Otto se muda para o Rio de Janeiro, onde trabalha em inúmeros jornais. Já Murilo, após várias tentativas, finalmente publica, em 1947, seu primeiro livro, *O ex-mágico*, com o qual conquista, em 1948, o Prêmio Literário Othon Lynch Bezerra de Mello, que auxilia no reconhecimento de sua obra por outros escritores. Entre 1949 e 1950, ocorre a breve temporada de Murilo no Rio, quando reside com o amigo Otto. Após a estada carioca, Murilo retorna a Belo Horizonte, estabelecendo-se como chefe de gabinete de Juscelino Kubitschek – recém-eleito governador de Minas Gerais.

Se nesse período se escreveram as cartas mais emotivas, nele também se encontram as mais ricas em comentários sobre a criação literária. São vários os exemplos de cartas em que Otto se debruça sobre os contos de Rubião, analisando-os e discutindo aspectos formais – aliás, esta é uma face que se desprende desse epistolário: Otto crítico literário e leitor de originais. Infelizmente, não vemos o Murilo leitor a fazer o mesmo com os textos do amigo.

Exemplos dessa partilha da escrita se encontram na carta de 08/09/1948, quando Murilo diz ao amigo que "Daqui por diante – a promessa é solene – você receberá sempre uma cópia dos contos que estou escrevendo para o novo livro: *A estrela vermelha*". Na resposta, remetida por Otto em 30/09/1948, o autor de *O braço direito* faz várias observações e tece sugestões redacionais sobre cinco textos de Rubião, dos quais apenas quatro aparecerão, em 1953, enfeixados no volume *A estrela vermelha*. Também nesse momento da correspondência lemos Murilo dar notícias, em

30/03/1950, sobre o "Coelho" (o protagonista de "Teleco, o coelhinho"), além de mencionar "Manoel, que nasceu ali, no esgoto da Feira de Amostras", personagem de uma novela à época em processo de elaboração – mas que, infelizmente, não chegou a ser concluída.

Outra característica desse momento, digna de nota, diz respeito ao estilo epistolar dos interlocutores. De um lado, irreverente e ágil, a conversa escrita de Otto. De outro, nas cartas rubianas, a ironia e a curiosa mistura de situações cotidianas a enredos literários, alinhavadas pela emulação do tom bíblico e constantes citações de passagens do Livro dos livros. Aliás, é interessante notar que esse diálogo com a Bíblia não aparecerá nas cartas de 1950 em diante. Outro detalhe estilístico que merece destaque são as várias metáforas, de grande força poética, presentes nas mensagens tanto de Murilo como de Otto – tais como "os abismos insuspeitados", os "trilhos paralelos condenando à solidão", o "olhar de inverno", a tristeza de "um chapéu de chuva sem pano, sem dono e sem chuva", o "consertei meu guarda-chuva sentimental", "aluguei meu olhar de inverno" e a "viagem temerária pelos mares interiores".

Já o segundo momento da correspondência compreende o breve período entre 1957 e 1959. Nesse contexto, são trocadas 18 cartas entre os escritores, que agora residem na Europa. Murilo se encontra em Madri, onde exerce a função de chefe do Escritório de Propaganda e Expansão Comercial do Brasil, também atuando como adido cultural junto à Embaixada do Brasil. Otto segue para a Bélgica, a convite do Itamaraty, a fim de ministrar aulas de Estudos Brasileiros no Instituto de Estudos Hispano-Americanos da Universidade de Utrecht, na Holanda, mas passa a maior parte do tempo exercendo função na Chancelaria da Embaixada do Brasil, em Bruxelas. De um lado, Murilo diz que, "apesar de fabulosa, Madri é tudo, menos Belo Horizonte". De outro, insulado "na bruxa" (como chamava Bruxelas), Otto rumina "pensamentos pessimistas e profundamente melancólicos".

No campo da criação literária, em contrapeso a essa atmosfera (aparentemente) desestimulante, a temporada europeia se mostra um período fecundo e de intensa atividade criadora – ao menos para Otto. Há registros da publicação do livro de contos *Boca do inferno,* da elaboração do romance *O braço direito* e da novela "O carneirinho azul". Fato interessante é a carta de 06/06/1957, na qual Murilo faz breve apreciação do estilo e da técnica de Otto – fato digno de nota, uma vez que esse é o único comentário crítico de Murilo acerca da ficção do amigo em toda a correspondência. Quanto a Murilo, afora o envio dos originais de "O coelhinho" ("Teleco, o coelhinho"), que Otto comenta minuciosamente em carta de 17/09/1957, o autor de *O ex-mágico* apenas relata brevemente ao amigo que escreve, "mas com a velha lentidão rubiônica e sem grandes ambições quanto à posteridade".

Terminadas as estadas madrilenha e bruxelense, inicia-se a última (e mais longa, em termos cronológicos) fase da correspondência, que abrange 1966 a 1991. Em dezembro de 1959, Murilo retorna ao Brasil, instalando-se em Belo Horizonte, onde permanecerá até o fim da vida. Em agosto do mesmo ano, Otto encerra a temporada em Bruxelas, retornando ao Rio de Janeiro, mas em 1967 ruma para Lisboa, onde cumprirá missão cultural junto à Embaixada do Brasil em Portugal até 1969.

Apesar de ser a fase mais extensa do conjunto epistolar, o fluxo das cartas é o menos caudaloso (20 cartas em 25 anos). O ritmo frequente, as cartas extensas e a escrita compartilhada da juventude cedem lugar a cartas mais objetivas e a questões de outra ordem. Nesse momento, tanto Otto como o autor de *O ex-mágico* já são escritores reconhecidos no campo literário. Afora notícias de seus contatos com intelectuais e escritores em Lisboa, Otto pouco fala de sua ficção e de seu trabalho. Já Murilo se encontra assoberbado por inúmeras demandas, como a direção do *Suplemento Literário* e da Fundação de Arte de Ouro Preto, a correspondência com artistas, escritores e intelectuais de todo o país e do exterior, a defesa de interesses de vários setores do campo cultural junto ao Estado. Curiosamente, em 1966, Murilo se assemelha ao Mário de Andrade que conheceu quando jovem, tanto na idade como no ritmo de vida: ambos têm cerca de 50 anos e se encontravam divididos entre as tarefas de figura pública e de escritor canonizado. Eis o retrato do "Murilo de Andrade" que aparece nesse contexto – a transformação daquele que buscava legitimidade junto aos escritores mais velhos naquele que concede condições de legitimação aos novos artistas e escritores que acorriam ao *Suplemento Literário*.

No campo da literatura, destaca-se o *Suplemento Literário de Minas Gerais*, periódico criado por Murilo em 1966. Essa publicação permeia esse momento da correspondência, aparecendo seja nos recortes remetidos por Otto, de Lisboa, informando sobre a aceitação e a repercussão do periódico, seja nos pedidos de colaborações ou de auxílio para reunir contribuições de amigos para a elaboração de números temáticos que Murilo faz ao amigo Otto. Ainda no plano da criação literária, da obra rubiana temos notícia apenas da publicação dos contos "Os comensais" e "Petúnia", e do envio do livro *O convidado*, ao passo que Otto nada menciona de sua ficção.

Quanto à turbulenta situação política vivida no Brasil entre 1964 e 1985, há apenas uma breve menção. No "P.S." da carta de 18/12/1969, Otto pede a Murilo que envie ao crítico literário Fábio Lucas um "abraço, atrasado mas de calorosa simpatia, pelo golpe que lhe deram", devido à cassação e à aposentadoria desse de seu emprego como professor na UFMG, quando da publicação do AI-5, em 1969.

P.S.: Carta-náutica; destino, posteridade

Aparentemente, Murilo Rubião e Otto Lara Resende não planejaram a publicação das cartas que trocaram por mais de 40 anos (1945-1991), embora tenham preservado zelosamente a documentação dessa amizade escrita em seus arquivos. Tal intento não é mencionado pelos missivistas em nenhum momento da conversa à distância. Contudo, esse gesto de preservar a própria memória parece indicar, como se verá em algumas das cartas aqui publicadas, uma aposta e um gesto de se dirigir à posteridade.

Em carta enviada a Otto (05/08/1948), Murilo dissimula seu projeto de endereçar sua obra e seu arquivo ao futuro, dizendo ao amigo que "Esta carta não se destina à posteridade".[4] Anos depois, o próprio Rubião põe em xeque suas intenções ao mencionar, em outra carta endereçada a Otto, que uma entrevista de Paulo Mendes Campos[5] confere a ambos "uma pequena chance de entrarmos na posteridade".[6] Em sua resposta, Otto diz ao amigo:

> Quanto ao recorte do *Correio da Manhã*, devolvo-o a você. Recebi um igual do Rio, mandado pelo meu irmão. Contemplei longamente a fotografia, lembrei-me das circunstâncias, do dia em que a tiramos, lembra-se? [...] Grande retrato! Fiquei pensando como surgiu a ideia de fazê-lo, me ocorreu que só você poderia ter tido ideia tão sensata e rica e, ao mesmo tempo, poderia ter levado a turma a concretizar essa ideia, que hoje nos permite voltar, à vista de um documento, os olhos para aquele tempo, ainda ontem e já tão distante! Muito obrigado, pois. É como você diz: a entrevista do Paulusca é uma chance de posteridade...[7]

Espaço nômade, de trânsito de ideias e de estados de espírito, a carta é lugar em que o sujeito se apresenta em sua

---

[4] RUBIÃO, Carta a Otto Lara Resende. Belo Horizonte, 5 de agosto de 1948.

[5] Menção à reportagem de Renard Perez "Escritores Brasileiros Contemporâneos – n. 52 – Paulo Mendes Campos", publicada no *Correio da Manhã*, em que consta uma fotografia, feita em um estúdio de Belo Horizonte, no ano 1948, quando aparecem reunidos, em um "retrato de geração", Otto Lara Resende, Fernando Sabino, Paulo Mendes Campos, Murilo Rubião e Emílio Moura.

[6] RUBIÃO, Carta a Otto Lara Resende. Madri, 30 de julho de 1957.

[7] RUBIÃO, Carta a Otto Lara Resende. Belo Horizonte, 5 de agosto de 1948.

instabilidade, tal como as marés – fluxo e refluxo. Guimarães Rosa diz, em um de seus contos, que "todo abismo é navegável a barcos de papel".[8] Tal imagem náutica é pertinente para explorar a metáfora dos mares interiores, mas também a dos abismos insuspeitados sob a tinta na superfície das páginas. Em comum, a carta, os mares e o barco apresentam as ideias de deslocamento, travessia e viagem.[9]

Cabe lembrar, ainda, que o termo "carta" também porta outra acepção que interessa de perto ao presente (con)texto – a de mapa. Tal como os mapas, a correspondência de Murilo e Otto fornece condições de traçar caminhos ou percursos passíveis de exploração. Ao subir a bordo dessas cartas, o leitor poderá se lançar pelos mares (e abismos) das vidas e obras de Murilo e de Otto – atlas voláteis, em processo de releitura e reescrita, convite à deriva.

---

[8] ROSA, 1976, p. 38.
[9] Há, ainda, outra analogia: a de se comparar o processo de composição de um texto literário com o processo de construção de um barco. Mas com quantas letras se cria um texto? E quantas são necessárias para se narrar a história de uma vida?

NOTAS À TRANSCRIÇÃO DAS CARTAS

A correspondência recíproca de Murilo Rubião (MR) e Otto Lara Resende (OLR) foi transcrita a partir de digitalizações dos documentos depositados no Arquivo Murilo Rubião, alocado no Acervo de Escritores Mineiros, sediado na Universidade Federal de Minas Gerais (UFMG), e no Arquivo Otto Lara Resende, localizado na Reserva Técnica Literária do Instituto Moreira Salles, Rio de Janeiro. O conjunto é composto por 95 cartas, todas (até o presente) inéditas, que se estendem de 1943 a 1991, sendo 43 de MR e 52 de OLR.

Muitas foram as dificuldades encontradas no manuseio das cartas, tais como a grafia dos manuscritos, as rasuras e as marcas do tempo. Por se tratar de documentos inéditos, fez-se necessário o estabelecimento do texto, efetuado mediante transcrição e ordenação cronológica, objetivando facilitar a fluência e a legibilidade, em acordo com a ortografia atual, e registrando as ocorrências textuais dignas de nota de modo fidedigno. As anotações encontradas à margem e no verso dos documentos foram igualmente transcritas em notas de rodapé, conforme sua localização indicada na página do manuscrito. Expressões ilegíveis, palavras suprimidas por furo de arquivamento, por dano no documento ou determinadas por leitura conjetural, assim como datas atribuídas, aparecem assinalados por colchetes ([ ]), ao passo que o sinal de barra (/) é utilizado para indicar mudança de linha – notadamente em anotações feitas nas margens das cartas.

A normatização do texto levou em conta, além da atualização ortográfica e dos estrangeirismos já incorporados ao nosso léxico, os seguintes critérios: a) desenvolvimento de palavras abreviadas, a exemplo do pronome v. (você) e do substantivo sr. (senhor); b) citação em itálico de títulos de livros, nomes de órgãos de imprensa, e entre aspas, de poemas, artigos, contos e crônicas; c) supressão de travessões indicativos do início de parágrafos; d) padronização do modo de indicação das datas na correspondência; e) manutenção da pontuação original, exceto quando truncava o texto; f) respeito às marcas particulares de grafia, como sublinhados e palavras em caixa alta.

No que concerne à materialidade das cartas, são variados os tipos de documentos – bilhetes, cartões de visita, cartões postais, telegramas – e os suportes empregados na escrita das correspondências (papel ofício, folhas timbradas de repartições públicas em que os missivistas trabalharam, resmas de papel). Procedi à elaboração de notas descritivas da materialidade de cada documento, inseridas ao fim de cada carta, informando: características do papel (timbre), da escrita (autógrafo, datiloscrito), cor da tinta e as intervenções no documento (anotações do remetente ou do destinatário).

Com o intuito de enriquecer a leitura das cartas, foram elaboradas notas explicativas com informações biográficas e históricas, a fim de propiciar ao leitor uma contextualização das referências contidas no epistolário. Para sua feitura foram utilizadas várias publicações (sobretudo dicionários e edições de correspondências), todas listadas na bibliografia de apoio. Com relação ao que não pôde contar com referências mais precisas (pessoas, circunstâncias, eventos, locais, publicações), foram empreendidos esforços para identificá-las, mas nem sempre isso foi possível – pois há acontecimentos e vidas cujos rastros não se encontram acessíveis, mesmo hoje, com a profusão de bases de dados eletrônicas.

Por fim, os recortes de jornais e de revistas, a partir dos quais foram transcritos os textos dos anexos deste volume, foram obtidos no Acervo Murilo Rubião. Quanto às fotografias, foram utilizadas imagens pertencentes ao Acervo Murilo Rubião e ao Arquivo da Imprensa Oficial do Estado de Minas Gerais.

CARTAS

CORRESPONDÊNCIA

OTTO LARA RESENDE – CARTAS E BILHETES – 1948

RIO – BELO HORIZONTE
(1945-1952)

Rio, 3 de novº de 1947.

Murilo amigo:

Recebí seu liv[ro]
[hoj]e. E hoje mesmo já o li, [e a]-
[ca]bo de fechá-lo neste momen[to]
[com a] minha me deliciando [en]-
[q]uanto a chuva caí lá fora [sem]
[dar] a no parar mais.

Minha intenção é escreve[r al]-
go sôbre seu livro. Se tivesse
[tempo a]qui, faria agora mesm[o um]
artigo que stá me cocendo [aqui].
Vou ver se o faço vindo h[oje]
[o] ar da ogeriza em que [tenho]
coisas desse gênero. Se n[ão]
[o faço], não publico. Você, porém[,]
[saiba] que seu livro me a[gradou]
muito. Há contos notáveis[. E]
[quando] a gente termina a le[itura]
o sorriso de muniquir. [Às]
vezes, rí mm bom riso
diante de sua fantasia. [Ou]-
[tras, a] melancolia mansa e so[...]

| 01 (MR) | Belo Horizonte 10 [dez. 1945] |

UM GRANDE ABRAÇO E VIVA O BACHAREL MURILO RUBIÃO[1]

Telegrama: "Murilo Rubião" [à máquina]; datado "Belo Horizonte, 10 [dez.] 45"; impresso: "DEPARTAMENTO DOS CORREIOS E TELÉGRAFOS / TELEGRAMA"; carimbo apagado; 1 folha.

| 02 (OLR) | Rio de Janeiro, 3 de novembro de 1947 |

Murilo amigo:

Recebi seu livro hoje.[2] E hoje mesmo já o li todo. Acabo de fechá-lo neste momento. Parei a manhã me deliciando com ele, enquanto a chuva cai lá fora, disposta a não parar mais.

Minha intenção é escrever um artigo sobre seu livro.[3] Se tivesse máquina aqui, faria agora mesmo esse artigo que estive

---

[1] Primeiro documento da correspondência entre MR e OLR. A data no carimbo dos Correios está ilegível. Contudo, trata-se provavelmente de telegrama de cumprimento pela conclusão do curso de Direito, em dezembro de 1945, junto à Faculdade de Ciências Jurídicas da Universidade de Minas Gerais – atual Faculdade de Direito da UFMG.

[2] OLR faz menção ao primeiro livro de MR, *O ex-mágico*, publicado em outubro de 1947. Na folha de rosto do exemplar oferecido a OLR pelo amigo consta a dedicatória: "Ao Otto, com um grande e afetuoso abraço, / do Murilo / B.H. 29/10/47".

[3] OLR publica o artigo "Adesão ao herói de nosso tempo" no jornal *Estado de Minas* de 7 de dezembro de 1947, no qual desenvolve uma apreciação de *O ex-mágico*. Após mencionar Kafka como símbolo da literatura moderna, OLR aproxima tanto o universo ficcional como os personagens de MR às narrativas kafkianas: um mundo em que o mistério faz parte da realidade cotidiana de personagens condenados ao desamparo irremediável da inexplicável condição humana. Ponto interessante da leitura de OLR consiste na apreciação dos contos de MR como "uma nova forma de parábola que tem, frequentemente, a nudez e o imprevisto das parábolas bíblicas". Para mais informações sobre o texto, consultar a versão integral do artigo, reproduzida nos anexos deste livro.

coçando os dedos. Vou ver se o faço ainda hoje, apesar da ojeriza em que sinto por coisas desse gênero. Se não sai bom, não publico. Você, porém, fique sabendo que seu livro me agradou muito. Há contos notáveis nele. E a gente termina a leitura com um sorriso de amargar. Algumas vezes, ri um bom riso franco, diante de sua fantasia. Mas aquela melancolia mansa e soturna do Alfredo impregna o volume todo, inquieta o nosso espírito e comunica ao leitor uma angustiante sensação de desespero. Como é triste o seu livro! E como ele contém uma (perdoe) mensagem, no fundo uma mensagem de amor! Creio que a arte não pretende outra coisa.

Algumas vezes (em certos contos) seu estilo nem sempre me agrada. Mas não sei. Talvez também isso, uma aspereza sincopada de seu estilo valorize o livro, ou seja, de seu caráter essencial. Há, todavia, largos trechos de boa prosa literária, costurada e tecida com música e técnica.

Seus contos não são apenas fantasia inventiva sem nexo. Há neles uma lógica desesperadora, encharcado de vida, dolorosa e forte. De tudo salta uma simbologia que deprime e choca. Ao mesmo tempo, um segredo de infância alaga as suas histórias. No entanto, o cínico menino, a única criança do seu livro é, se não me engano, aquele estranho filho de Bárbara, <u>que não cresceu</u>, talvez para não perder esse tesouro, a infância. Mais do que infância, há no *Ex-mágico* uma aguda saudade da infância, um sentimento de perda que contribui muito para a tristeza que o livro deixa no leitor, entre admirado (estupefato) e lírico. Você quebra a lógica do cotidiano de que a gente (covardemente?) se alimenta. O leitor sai de seu livro desarticulado, sai de espinha quebrada. Depois, é preciso um esforço para voltar à estupidez do chamado mundo real, com os miseráveis deveres pela frente. Há um desejo poderoso, lancinante, de fuga em seu livro. O único jornal que lá aparece (e me lembro de sua condição de jornalista, que também a mim me abate) não circula. E o editor escreve, inutilmente, biblicamente... Tudo é símbolo. E que força!

"Bárbara" é um conto impressionante. Nele vejo toda a exasperante realidade do amor, levado aos extremos limites. O marido de Bárbara, sem saber por que, não podia deixar de atender os seus pedidos. A mulher torna-se um monstro, mas se escreve suas iniciais na casca da árvore, ele se comove. O filho desse amor-escravidão é também um monstro. No entanto, o marido a ama e viaja até o litoral para buscar-lhe o oceano. É uma beleza isso, Murilo! O mar, de resto, aparece sempre como elemento poético, mesmo naquele "Ofélia, meu cachimbo e o mar", onde, como, aliás, em outras passagens, há um tom jocoso. Um amargo tom jocoso, um tanto à moda machadiana.

O mesmo amor, que está em "Bárbara", está também em "O bom amigo Batista", sob a forma, agora, da amizade. O amor tudo explica e é fiel contra tudo – dizem os seus contos.

"O homem do boné cinzento" é surpreendente. Aquele vômito de fogo (o coração dependurado na maçaneta da porta...) me fez rir pela surpresa com que aparece. Mas a gente logo se amargura diante do fantástico inevitável, a transformação do irmão em uma pequena bola, entre os dedos. Uma crispação de trágico percorre os seus contos. E nos inquieta. Haja vista aquele inexplicável e poético "Os três nomes de Godofredo". Sentados os personagens, está presente o peso acabrunhante da fatalidade, do destino de uma força misteriosa e oculta que dirige os homens e sorri, ou gargalha, de sua pequenez. O fim de "A noiva da casa azul", todo ele tão bem feito, é pungente, dói. Dói, como quase tudo, por não ter jeito. É tremendo! E é a vida.

Não gosto, como aliás lhe disse há tempos, quando li o original da "Casa do girassol vermelho". Há, aí, uma selvageria grosseira que me desagrada. Qualquer coisa que me lembra Cocteau.[4] E cujo sentido não me atinge, não o sinto, ao conto. Apenas o mal-estar pela crueza da descrição.

---

[4] Referência ao cineasta, dramaturgo e escritor surrealista francês Jean Cocteau (1889-1963). Não há exemplares de livros de Cocteau na biblioteca de MR. Na biblioteca de OLR constam os seguintes livros: *Poésie critique* (Paris:

O "O ex-mágico da Taberna Minhota" é o conto, talvez, que mais lembra nosso tio Kafka.[5] Certamente, os críticos falarão demais em Kafka. Eu não sou crítico, felizmente. Não me interesso, por isso, pelas possíveis afinidades. De qualquer forma, seu livro é um testemunho do nosso tempo. Como o é Kafka. Daí, provavelmente o encontro.

Bem, Murilo. Estou escrevendo muito depressa e ao correr da pena. É uma explosão. Sincera, nua, sem conveniência de qualquer espécie. Seu livro me trouxe algo de novo. Creio que você alcança, com ele, o que se deseja em literatura. Ele <u>transmite</u>, pode estar certo. Conte-me entre um de seus fiéis receptores, cuja sensibilidade descarnada estará sempre, espero, aberta para os assaltos como este seu, de hoje.

Um velho abraço amigo do

Otto

P.S. – Murilo: gostaria que você mandasse o seu livro para o Mozart Janot Júnior[6] (rua Bulhões de Carvalho, 179 A, apartamento 302, Copacabana) e para o Marcos Konder-Reis[7] (rua Odílio Bacelar, 30, Urca). Seria possível?

Um abraço para os amigos daí, tão ingratos!

O.

Carta assinada: "Otto"; datada: "Rio, 3 de nov° de 1945"; autógrafo; 7 folhas.

Éditions des Quatres Vents, 1946), *Plus on est de fous... : les meilleurs dessins d'Europe (l'humour contemporain)* (Paris, Hachette, 1958) e *La difficulté d'être* (Paris: Union Générale d'éditions, 1964).

[5] Nas bibliotecas de MR e de OLR há títulos do autor de *O processo*, sendo uma edição de *La Métamorphose* (tradução de Alexandre Vialatte, Paris: Gallimard, 1938), de propriedade de OLR, o exemplar mais antigo das coleções bibliográficas de ambos. Dos exemplares da obra kafkiana disponíveis na biblioteca de MR, o mais antigo é uma tradução para o espanhol de *América* (Emecé Editores S.A., Buenos Aires, 1943), oferecido a MR em setembro de 1944 pelo escritor Ildeu Brandão.

[6] Mozart Janot Júnior (1922-1992), diplomata brasileiro.

[7] Marcos José Konder-Reis (1922-2001), poeta e cronista, pertenceu à Geração de 1945. Publicou, entre outros, *Tempo e Milagre* (1944), *Menino de luto* (1947), *Praia brava* (1950), *Muro amarelo* (1966) e *O caminho das pandorgas* (1972).

03 (MR)   Belo Horizonte [novembro de 1947]

EU E ALFREDO[8] COMOVIDÍSSIMOS SUA CARTA PT ESCREVEREI ABRS RUBIÃO

Telegrama: "Rubião" [à máquina]; datado "Belo Horizonte, nov. 47"; impresso: "DEPARTAMENTO DOS CORREIOS E TELÉGRAFOS / TELEGRAMA"; carimbo apagado; 1 folha.

---

04 (MR)   Belo Horizonte, 28 de novembro de 1947

Querido Otto,

Fiquei comovidíssimo com a sua carta. Tenho certeza de que não receberei de crítico algum uma crítica tão compreensiva como a sua. O que você falou sobre a fidelidade ao amor, do segredo do amigo que alaga minhas histórias, eu ainda não pressentira nos meus contos. Se, como você afirma, o meu livro é, no fundo, uma mensagem de amor, nada mais importa, que estarei pago de tudo. Li várias vezes a sua carta, entre incrédulo e emocionado. Saí da leitura dela com o coração amassado. Todos os nossos amigos, principalmente o Hélio,[9] gostaram muito do que você escreveu. Não falando do autor, que quase se dissolveu em lágrimas. A minha amiga Teddy[10] – a mais enigmática

---

[8] Referência ao personagem homônimo do conto "Alfredo", publicado pela primeira vez no livro *O ex-mágico* (1947). Como o leitor poderá notar, OLR, em algumas cartas, chama MR por Alfredo, em alusão à figura melancólica do homem que preferiu passar a vida como um dromedário a conviver com seus semelhantes.

[9] Hélio Pellegrino (1924-1988). Conforme se lê em ficha arquivística elaborada por MR, "poeta e médico – excelente amigo". No arquivo de MR há duas cartas de Hélio: um telegrama e uma carta, datada de 19/07/1965, na qual Hélio agradece o envio de *Os Dragões* (1965) e tece comentários sobre o livro, comparando a obra de MR aos quadros do pintor surrealista Marc Chagall.

[10] Apelido de Edwina Hecht Jackson Carneiro (1916-1972?). Atriz e tradutora, filha do primeiro casamento do cineasta, escritor, jornalista e roteirista Ben

americana dos quatro oceanos (ou dois?) – disse que somente os "Dragon's Literary Guild"[11] podem compreender os meus contos. Você é um deles, meu humaníssimo e melancólico Otto.

Mandei o livro para o Paulo,[12] mas não sei se ele recebeu. Também para o Oswaldo Alves[13] (aos cuidados do Emil Farhat[14] – av. Presidente Wilson, 118). Como é possível que tenha errado nos endereços (do Paulo: Júlio de Castilhos, 78), desejava que você indagasse deles se receberam os exemplares. Enviei

---

Hecht (New York City, 1893-1964). Em sua curta carreira no cinema, utilizou o nome de Edwina Armstrong quando atuou no filme *Once in a Blue Moon* (1935), dirigido por seu pai. Mudou-se para o Brasil na década de 1940, tendo morado no Rio de Janeiro e em São Paulo. Conviveu e manteve correspondência com Fernando Sabino e MR. No AMR/AEM/CELC/UFMG há cartas de Teddy em que são mencionadas tentativas de traduzir e publicar contos em inglês. Na crônica "Lirismo de fim de semana", publicada por MR na *Folha de Minas* de 22/04/1945, o autor de *O ex-mágico* faz a seguinte menção a Teddy Hecht: "No entanto, é das mulheres que tenho recebido os melhores estímulos. Grande número de contos meus, que saíram no Rio, devo a sua publicação a uma adorável e inteligente americana, que foi secretária da revista *Sombra*. Dos Estados Unidos, onde se encontra agora, escrevendo para a Metro Goldwin Mayer, recebo dela mais uma comovente prova de simpatia: 'I have always wanted to translate some of your stories in English. Would it interest you?' E tudo isso desinteressadamente, pois só conheço Teddy – que é filha de um dos mais populares escritores da América – por correspondência".

[11] Alusão a uma confraria dos leitores e admiradores da ficção de MR formada, provavelmente, por amigos e pessoas próximas. Cabe mencionar que, por esta época, MR já trabalhava no conto "Os dragões", como se pode ler na carta 12, enviada por OLR em 30 de setembro de 1948.

[12] Paulo Mendes Campos (1922-1991). "Poeta, cronista, excelente amigo / citou-me em numerosas crônicas", conforme se lê em ficha arquivística elaborada por MR, localizada em seu arquivo. Paulo e MR mantiveram breve correspondência, localizada no arquivo do autor de *O ex-mágico*, composta de seis missivas, sendo duas cartas e quatro telegramas, enviadas entre 1947 e 1970.

[13] Oswaldo Alves de Sousa (1912-1998), contista, poeta e romancista, publicou os livros *Paisagem morta* (1937), *Um homem dentro do mundo* (1940), *Uma luz na enseada* (1944), *Experiência amarga* (1966).

[14] Emil Farhat (1914-2000), ensaísta, jornalista, publicitário, romancista e tradutor. A ele Carlos Drummond de Andrade dedica "A bruxa", poema de abertura do livro *José* (1942). Na imprensa Farhat trabalhou para *O Jornal*, *Diário da Noite*, *Correio da Manhã*, *Diário Carioca* e o *O Globo*. Também colaborou com as revistas *Diretrizes*, *O Cruzeiro* e *Manchete*.

ainda, entre outros, para o Lúcio,[15] Mário Pedrosa,[16] Maria da Abadia, Otávio de Faria,[17] Lêdo Ivo,[18] Janot[19] e Konder.[20]

A todos que reclamarem o livro, pode afirmar que enviei um exemplar, pois remeti – somente para o Rio – cerca de 150.[21]

Um grande abraço do seu
velho e fiel

Murilo.

Carta assinada: "Murilo"; datada: "B.H., 15-1-45"; datiloscrito; autógrafo a tinta preta; 1 folha.

[15] Joaquim Lúcio Cardoso Filho (1912-1968). Autor de novelas, poemas e romances, sendo *Crônica da casa assassinada* sua obra mais conhecida. Atuou também como artista plástico, cineasta, crítico literário, dramaturgo e tradutor.

[16] Mário Xavier de Andrade Pedrosa (1900-1981), crítico de arte, jornalista, professor, deu início à crítica de arte moderna brasileira e é tido como um dos mais importantes críticos de arte do Brasil. Ao longo de sua vida, Pedrosa colaborou em vários jornais, como o *Diário da Noite* (SP), *Correio da Manhã* e *Jornal do Brasil* com textos de crítica artística e literária. Foi diretor do Museu de Arte Moderna de São Paulo e colaborou na criação do Museu de Arte Moderna do Rio de Janeiro. Ativista político de orientação trotskista, foi fundador da Liga Comunista (1931) e do Partido dos Trabalhadores (PT, 1980).

[17] Otávio de Faria (1908-1980), crítico literário, ensaísta, romancista e tradutor. Colaborou em diversos jornais e revistas literárias e políticas, como *O Correio da Manhã*, *Jornal do Commercio*, *Boletim de Ariel*, *Revista de Estudos Sociais*, *A Época*, *Letras e Artes*, *Leitura* e *Revista Acadêmica*, entre outras publicações. De sua obra ficcional cabe destaque para o ciclo romanesco *Tragédia burguesa*, obra em treze volumes, que já em seu primeiro título, *Mundos mortos* (1937), apresenta um amplo painel da vida carioca, articulando os problemas sociais do processo da burguesia, em espaço brasileiro, com os grandes problemas do homem.

[18] Lêdo Ivo (1924-2012), escritor, jornalista e poeta; em sua obra encontram-se romances, poemas e crônicas. Integrante da Geração de 1945, sua poesia assinala uma inflexão clássica, com posicionamento estético crítico ao movimento modernista de 1922.

[19] Mozart Janot Júnior, ver carta 02, nota 6.

[20] Marcos Konder-Reis, ver carta 02, nota 7.

[21] No arquivo de MR, mais especificamente na Série Correspondência sobre as obras, Subsérie Sobre *O ex-mágico*, há uma pasta contendo recibos e listas de nomes e de endereços para os quais foram enviados exemplares do livro. Em meio a esses documentos, chama atenção um bilhete de 13 folhas (!) remetido por Marques Rebelo em 7 nov. 1947, no qual o autor de *A estrela sobe* informa nomes e local das pessoas para quem foram remetidos exemplares do livro.

Da esquerda para a direita: Otto, Murilo, Hélio Peregrino, Paulo Mendes Campos e João Dornas Filho de pé em frente à Igreja São José. Belo Horizonte, jan. 1948.

---

05 (MR)   BELO HORIZONTE, 29 DE JANEIRO DE 1948

Querido Habacuc,²²

Que você esteja em paz com os outros profetas.

O livro da linda Stela – ainda aproveitarei o nome para uma de minhas personagens – ia mandar diretamente. Apesar da idade e dos compromissos de solidão, todas as minhas atitudes e definições ante as mulheres belas são as mesmas

---

²² Habacuc é um dos vários apelidos que Murilo atribui a OLR. Curioso é que este também é um dos apelidos de MR, conforme vemos no recorte "Apelidos", veiculado em 24 nov. 1948 na seção "Arquivos implacáveis", editada pelo colecionador e jornalista pernambucano João Condé (1912-1996) no suplemento literário *Letras e Artes*, do jornal carioca *A Manhã*. Habacuc (ou Habacuque) foi um dos profetas do Antigo Testamento, sendo o oitavo dos doze profetas menores, ao qual se atribui a autoria do *Livro de Habacuc*. No conto "O lodo", MR utiliza o versículo 15 do capítulo III do *Livro de Habacuc* como epígrafe.

daquele homem que <u>fazia perguntas</u> ("A cidade"):²³ "É preciso conspirar". Por pouco – não me pesasse a consciência e a nossa indestrutível amizade – ia me esquecendo o compromisso assumido e já tinha até uma história para contar à meiga Stela. Que há muito amava o seu sorriso e que os meus trinta e um anos de solidão nada mais eram do que uma longa espera pelos cabelos dela (Louros ou castanhos?). Já folheara a Bíblia, que sempre socorre o meu seco vocabulário de amor. Pela janela, acima de uma das minhas parreiras prediletas (foi plantada quando rompi com a minha última amada), o céu diplomava novas turmas de mecânicos do azul.²⁴ E eu recitava: "Oh como és formosa, minha Stela, como és bela: Os teus olhos são como os das pombas, sem falar no que está escondido dentro. Os teus cabelos são como os rebanhos das cabras que subiram do monte de Galaad".²⁵ "Levantemo-nos de manhã para vir às vinhas, vejamos se a vinha tem lançado flor, se as flores produzem frutos, se as romãs estão já em flor. As mandrágoras deram o cheiro. Nós temos às nossas portas toda a casta de pomos; eu tenho guardado para ti, amada minha, os novos e os velhos".²⁶

Quando ia falar à linda Stela (a voz ligeiramente trêmula) no navio que nos levaria para longe, lembrei-me de que ele nunca sairia do porto. E que o meu coração havia secado.

---

²³ Referência a uma fala do conto "A cidade", publicado em *O ex-mágico* (1947). No conto, esta fala, atribuída pela personagem Viegas ao protagonista Cariba, é responsável pela condenação do personagem à prisão.

²⁴ Referência ao livro *Mecânica do azul* (1946), do poeta e jornalista Wilson Figueiredo (1924-). Também conhecido nas rodas literárias de Belo Horizonte pelo apelido de Figueiró, Wilson integrou o grupo que se tornaria conhecido por "geração *Edifício*", em razão do período publicado entre janeiro e junho de 1946.

²⁵ Citação do primeiro versículo do Capítulo 4 do *Cântico dos Cânticos* – um dos livros que compõe o Antigo Testamento. Onde se lê, na transcrição feita por MR, "minha Stela", lê-se, no texto bíblico, "minha amiga". Cabe comentar, ainda, que MR se vale de versículos do *Cântico dos Cânticos* como epígrafes de dois de seus contos, "A noiva da casa azul" e "Marina, a intangível".

²⁶ Citação dos versículos 12 e 13, Capítulo 7, do *Cântico dos Cânticos*.

Um grande abraço, meu velho Otto, e não se esqueça de me recomendar a todas as mulheres belas dessa cidade, que eu nunca mais sairei desta cadeia.

Murilo

Carta assinada: "Murilo"; datada: "B.H., 29-1-48"; datiloscrito; autógrafo a tinta preta; 1 folha.

---

06 (MR) BELO HORIZONTE, 25 DE JUNHO DE 1948

SEU SILÊNCIO DESAFIA A PACIÊNCIA JOB[27] MURILO E HÉLIO

Telegrama: "Murilo e Hélio" [à máquina]; datado "Belo Horizonte, 25 jun. 45"; impresso: '"REPARTIÇÃO GERAL DOS TELEGRAPHOS – Telegramma"; carimbo: "25 / JUN / 48"; 1 folha.

---

07 (OLR) RIO DE JANEIRO, 28 DE JUNHO DE 1948[28]

Murilo amigo:

recebi o seu telegrama. Confesso que foi surpresa, boa surpresa, ótima, pois sempre é uma lembrança dessa cidade que não se lembra muito da gente. Mas meu silêncio não tem

---

[27] Alusão a Job (ou Jó), personagem bíblico do *Livro de Jó*, que integra o Antigo Testamento. Moshe Greenberg, no *Guia literário da Bíblia* (1997, p. 305), explana que Jó é apresentado, no texto bíblico, como modelo de retidão e piedade, mas, também, como paciente e perseverante. Fato digno de nota consiste em ser o *Livro de Jó* o mais utilizado por MR como fonte para as epígrafes de seis dos 33 contos que compõem sua obra editada: "O pirotécnico Zacarias", "Os três nomes de Godofredo", "A lua", "Os dragões", "A fila", "O convidado".

[28] Na margem superior da página, acima do local e data, encontra-se a seguinte anotação manuscrita: "P.S. – Tenho estado sempre com Fernando: tudo bem. Paulo, idem".

sido tão grande, capaz de desesperar a paciência de Job, tem? Você não tem o meu telegrama, por ocasião da homenagem?[29] Mandei-o e até hoje não tive resposta... Você, pois, é quem me deve uma palavra. Mas isso não vem ao caso. De qualquer forma, cá estou, para um bilhete ligeiro, pois as circunstâncias não estão permitindo, no momento, carta longa. Apenas uma palavra amiga e de certo protesto, inclusive pela sua desonestidade: quedê os contos prometidos? Ah, velho Alfredo! Vi uma carta sua, outro dia, para o Fernando, excelente, sobre a sua nova fase milionária. Salve! Vai mesmo à Europa? Acho que você não deverá perder a oportunidade, vá. Atualmente, não posso ouvir falar em viagem à Europa sem sentir uma profunda dor de corno, como se violassem uma coisa minha, que me pertence. Mas eu mesmo não vou, só eu não vou. Pelo jeito, as coisas se complicam e já nem saberei quando poderei ir. Poderei ainda algum dia? Presentemente, haveria uma ou outra oportunidade e creio que não me seria impossível, mas... Sempre a velha hesitação, agravada pelas circunstâncias.

Sei que você virá cá ao Rio por esses dias. Estou aguardando a sua vinda, com a natural ansiedade das boas novas, para os eventos e celebrações condignos. Venha, para as nossas homenagens. Traga de sua literatura, sem avarezas, já que não se arrisca a entregá-las ao acaso do Correio. Talvez coincida sua vinda ao Rio com minha ida aí. Acho, porém, que você vem antes de minha partida para essas plagas. E você pretende demorar? Eu, se não mudar de plano, aí estarei dia 16, provavelmente, devendo permanecer em território belorizontino até o dia 23 do mês próximo, julho. Se você vier antes, espero reencontrá-lo aqui depois, após minha volta de Minas, pois certamente você, que sai tão pouco, vem para mais tempo.

---

[29] Alusão ao jantar em homenagem a MR, feito por seus amigos, quando este foi laureado com o Prêmio Literário Othon Lynch Bezerra de Mello, conferido pela Academia Mineira de Letras ao escritor em junho de 1948 por O ex-mágico, publicado em 1947.

Como vai a turma? O velho Bacuré, Amilcar,[30] todo mundo? Muito Bar Costa?[31] E você, muitas discussões metafísicas e físicas?...

Do sr. H. P.[32] (cujo nome, sem dúvida por maquinação sua consta de seu telegrama) não tenho a menor notícia. Ouvi dizer que ficou noivo. Não cabe a mim nenhuma palavra sobre ele, já que se fecha de tal forma, num mutismo que já é hostilidade, ou, muito pior ainda, indiferença. Enfim, a esta altura da vida, nada me surpreende e se o pé desta mesa em que escrevo se transformar agora numa serpente, edição especial para me picar, aceitarei o fato (Se bem que sofrendo a picada...).

Pois é isso, querido Rubião. Isto não é uma carta, propriamente. Como estamos às vésperas de nos encontrarmos, vamos deixar os assuntos para os bate-papos inevitáveis, aí, no frio belorizontino [sic], ou aqui, sob o excitante da maresia. Lembranças para os amigos, se os há lembráveis (e há, ora pois). E para você, velho e rijo cavaleiro da amizade, o grande e cordial abraço do

Otto.

Carta assinada: "Otto"; datada: "Rio, 28 de junho de 48"; datiloscrito; 2 folhas.

---

08 (MR) BELO HORIZONTE, 5 DE AGOSTO DE 1948

Meu velho Otto,

Os propósitos eram bons, a terapêutica (com base no iodo e uísque), correta. Entretanto, havia mares interiores. Restava

---

[30] Menção ao artista plástico Amilcar de Castro (1920-2002). Advogado, artista plástico, cenógrafo, desenhista, escultor, gravador, diagramador, professor de artes plásticas. Estudou na Faculdade de Direito da UFMG, onde conheceu OLR e Hélio Pellegrino.

[31] O Bar Costa era um dos vários bares de Belo Horizonte que servia como pontos de encontro pra jornalistas e escritores durante as décadas de 1930 e 1940.

[32] Hélio Pellegrino.

voltar, retornar o cansaço e o corpo à rua dos Goitacazes, 185. E fiz mal. Devia ter insistido um pouco mais. Em qualquer parte, mesmo no Silvestre, o tédio obedece às mesmas leis, descreve a trajetória dos urubus. O melhor seria dinamitar as pontes – rodoviárias e ferroviárias –, interditar o céu e o subsolo, trucidar os engenheiros e proibir as evasões e invasões. Também os espelhos côncavos e convexos.

Estive (acho que ainda estou) amando e pensando. A beleza dela é igual à de outras mulheres que você e eu já amamos. Com algumas diferenças – é claro! – apesar de loura e miúda. Talvez não seja diferente das passadas. A memória nem sempre guarda detalhes. Todavia, não adianta fazer sutileza com sutileza. Eu preciso é voltar. Voltar antes que ouçam meu conselho e não haja nenhum caminho aberto. Seria o cúmulo ficar preso dentro de um navio – imenso e imóvel navio – no alto de montanhas. Aqueles que divergem dos meus sentimentos e ideias, os meus inimigos, procurariam então, aumentar o meu desespero, a minha melancolia, afirmando impossibilidades inexistentes, ou, pelo menos, semeando a controvérsia. Fugirei.

Esta carta não se destina à posteridade nem é simbólica. Você me compreende e, estou certo, dispensará o enredo. Chega de enredos!

Um abraço do seu fiel e sofredor

Murilo

Carta assinada: "Murilo"; datada: "BH, 5-8-48"; datiloscrito; anotações a caneta na margem esquerda; 1 folha.

---

09 (OLR) Rio de Janeiro, 1 de setembro de 1948

Murilo amigo: Acontece que hoje é dia primeiro de setembro. Não é segunda-feira, mas quarta. Bom dia para tentar botar em dia certos compromissos. Um desses, compromisso de coração, é o que tenho com você. Ultimamente, tenho sido obrigado a essa *ausência*, pois ando um tanto ao quanto dramático, sofrendo por pequenos problemas mesquinhos e ignóbeis, um sofrimento sórdido que a gente considera indigno de si mesmo. Enfim, é o trivial da vida. Vida que aliás espero botar em ordem o mais depressa possível, pois ando nostálgico de chinelos e certa paz dominial de ajantarado.

Recebi sua carta de 5 de agosto. Pensei em lhe telegrafar logo, mas julguei que seria uma forma de adiar a resposta devida. A resposta, porém, não vinha, e nem vem agora, pois que estou opaco para correspondência. O que lhe mando aqui é apenas uma palavra solidária e amiga, de compreensão e esperança pelo que vier (vem?). Lembro-lhe também a promessa de me enviar os contos que não conheço. Sabe você quanto me interesso pelo que você faz, membro que sou do Sindicato do Alfredo, o que bebe água enquanto sofremos. Velho Murilo: Escreva, não se desestimule com o meu silêncio. Antes, compreenda-o. É passageiro. Creia na
amizade do

Otto

Carta assinada: "Otto"; datada: "Rio 1º de setembro de 1948"; datiloscrito; autógrafo a tinta preta; 1 folha.

---

10 (MR)   BELO HORIZONTE, 8 DE SETEMBRO DE 1948

Velho Otto,

O papel é péssimo, mas é o único e a ternura não admite novos adiamentos. Daqui por diante – a promessa é solene – você receberá sempre uma cópia dos contos que estou escrevendo para o novo livro: *A estrela vermelha*.[33] Serão quinze ou vinte contos, todos já estruturados. Desejo uma crítica severa,

---

[33] Segundo livro de MR, *A estrela vermelha* foi publicada em 1953, com tiragem de 116 exemplares pelas Edições Hipocampo – editora dedicada a edições artesanais de tiragem limitada, criada em 1951 por Thiago de Mello e

tanto mais que você será um dos homenageados (juntamente com Paulo, Hélio e Teddy) na dedicatória da obra. O conto "A estrela vermelha", que segue junto, sofrerá algumas modificações e será reescrito novamente. Peço mostrar ao Fernando, que não conhece esse meu último trabalho.

Ando, além das incertezas do amor, carregando um violento desejo de transferir-me para o Rio.[34] Não desconheço a amorável estima que dedico a Belo Horizonte, nem as dificuldades que encontrarei para adaptar-me ao Rio. Contudo, sinto ser imprescindível essa transferência.

Aqui, velho amigo, sobraçando uma solidão irreparável, aguarda-me melancólico destino. O casamento, o desespero ou qualquer forma benigna de suicídio. O que mais me inferniza, me arrebenta, é contaminar esta cidade com a minha tortura. No Rio (tenho certeza), a tortura viria de fora, não de mim, como aqui acontece. E a paz só pode ser encontrada quando o sofrimento vem das coisas, da paisagem. Estou cansado de torturar o mundo. Tenho que dar uma chance ao mundo.

Aguardo carta sua e lhe envio um grande e saudoso abraço

Murilo

Carta assinada: "Murilo"; datada: "B.H., 8-9-48"; datiloscrito; autógrafo a tinta preta; 1 folha.

Geir Campos. Nesse volume foram reunidos os contos "Dom José não era", "A lua", "Flor de vidro" e "A estrela vermelha".

[34] MR irá se mudar para a cidade do Rio apenas em maio de 1949, como veremos nas cartas de 26 a 30. Durante sua curta temporada carioca, MR trabalha como Chefe do Serviço de Documentação da Comissão do Vale do São Francisco, sediado no Rio de Janeiro. Em carta de 17 de dezembro de 1943, MR relata a Mário de Andrade a tentativa frustrada de mudança para o Rio de Janeiro. Em 1943, MR recebeu um convite para trabalhar na revista carioca *Sombra*, publicação dirigida pelo jornalista Walther Quadros em que circulavam Portinari, Gabriela Mistral, Vinicius de Moraes e Mário. Entretanto, já de malas prontas para o Rio, relata a Mário que foi "obrigado a aceitar a direção da emissora oficial do meu Estado" (a PRI-3, atual Rádio Inconfidência). Nesse mesmo ano, MR publica três contos no periódico: "Mariazinha" (abr.), "O ex-mágico" (jun.) e "Alfredo" (out.). Para mais detalhes, ver Andrade (1995, p. 48).

11 (MR)   Belo Horizonte, 24 de setembro de 1948

Meu caro Otto,

Ando triste como um chapéu de chuva sem pano, sem dono e sem chuva. Nunca andei precisando tanto de cartas e amigos. E não recebo cartas, não encontro amigo. Tudo tristeza, seu Otto. É um português, marido de uma ex-empregada da nossa casa, que fica louco. Português e louco! E a resignação da mulher, meu Deus! Mandei o luso ao Hélio e os olhos secos e tristes da empregada me acompanham por toda parte (Momento propício para o burguês gritar: viva o comunismo! e, em seguida, esquecer o resto da humanidade).

Verifico, a cada momento, a minha inaptidão para o ofício de viver. Sei que você me compreende, velho Otto. Somos dois desamparados. O diabo é que o casamento que, possivelmente, resolverá o seu desamparo, não remove as minhas montanhas (Preciso, urgente, de Maomé e algumas virgens. Porque elas sendo sempre verdes amadurecem o meu coração).

Há ainda os circunlóquios, as metáteses, as mulheres que se entusiasmam com os prêmios dos contistas de província, verdadeiros arranjos do diabo. Com o telefone e tudo.

Se não berro, não toco as sirenes da minha alma, é porque nem isso adianta. Fingirão de surdos, afirmarão uma maliciosa ignorância em torno das metáteses. E como ficarei eu?

Um grande abraço do seu fiel

Murilo

Carta assinada: "Murilo"; datada: "B.H., 24-9-498"; datiloscrito; autógrafo a tinta preta; 1 folha.

12 (OLR) Rio de Janeiro, 30 de setembro de 1948

Murilo amigo:[35]

Há vários dias estou para lhe escrever. Mas você não imagina por quantas complicações tem passado este pobre. Andei caningado, mais que nunca, com embaraços por todas as latitudes. Agora, estou repondo as coisas nos lugares, já não tenho o rosto inchado, paguei uma letra no Banco, fiquei noivo, as coisas vão indo. Ainda há o que fazer, muito, mas esperemos em Deus. Por tudo isso, tenho andado sumido. Não escrevo cartas, gênero a que fui outrora dedicado. Meus correspondentes desapareceram, ninguém me responde, grito, não há eco. Você é o único mineiro fiel, o único cristão dessas montanhas que estrangulam a alma dessa gente mesquinha e fria, de coração de pedra num peito de gelo. Você pulsa, pulsa de tristeza e desamparo, dói em mim, você me dói, meu velho Murilo, mas ainda bem.

Disse aquele dia pelo telefone, da casa do Fernando,[36] que tinha recebido os contos e gostado. Gostei mesmo. Estava esperando oportunidade de poder escrever-lhe com calma, dizendo o que acho. Não sei se posso fazer agora, pois já é muito tarde

---

[35] Na borda superior da página, acima do local e data, encontra-se a seguinte anotação manuscrita: "Murilo: só hoje, [...], estou mandan- / do esta carta. Desculpe os erros de máquina. Não reli. / Escreva sempre. Mande os novos contos, se os há mais. / Ab. / Otto".

[36] Fernando Sabino (1923-2004). Contista, cronista, documentarista, editor e romancista. Sabino e MR se conheceram em 1939, conforme MR revela na crônica "Fernando Tavares Sabino", publicada na Folha de Minas em 02/11/1941 por ocasião do lançamento de *Os grilos não cantam mais* – primeiro livro de Sabino. Dessa amizade dão prova as 45 cartas enviadas por Sabino a MR entre 1942 e 1983 e os vários livros de Sabino com dedicatória presentes na biblioteca de MR – como a coleção de diferentes edições de *Encontro marcado*, por exemplo. MR pode ser visto como sendo o quinto cavaleiro do "íntimo apocalipse", suplementando o grupo formado por Hélio Pellegrino, Paulo Mendes Campos, Sabino e OLR.

e tenho de levantar cedinho amanhã. Agora, me deito sempre antes de meia-noite, às 11 em geral, e me levanto no máximo às oito. Em geral, não tenho nada para fazer assim tão cedo, tão de madrugada. Mas me levanto. Estou me dando bem com o novo regime. Deixei de fumar há já um mês, parei de ter dor de cabeça. Durmo bem e não bebo (nunca fui disso, veja lá). Pode ser que tudo aconteça de novo, mas até aqui estou indo muito bem. Só não me curei do hábito de ficar matutando e ir entristecendo, entristecendo, lenta, lentamente, doce-docemente, até sangrar de dúvida e tristeza, até duvidar da minha própria existência. Ainda hoje foi assim, bem que o meu dia astrológico me previa contrariedades. Estou numa profunda depressão, me dá um infantilismo retrógrado, me sinto um bebê, um menino, uma vontade de ficar protegido, embalado, acarinhado, fora do mundo, longe de tudo, confiando em alguma coisa frágil, mas poderosíssima, como mãe de menino, ou mesmo uma coisa mesmo, coisa-coisa, um ruidinho de cadeira, um pé de mesa, uma certa sombra de copa familiar. Ah, mundo sem refúgios, mundo cruel e frio, mundo estúpido e besta. Como lhe dizia, não sei se posso escrever agora o que estou precisando de lhe dizer. Procuro suas duas últimas cartas, uma recebi ontem. A primeira me comunica o nascimento de *A estrela vermelha*, ótimo. Bom título, muito bom, pena é que se possa (ainda há burros no planeta) pensar num longínquo sentido político, sugestão da cor e do astro. Quantos contos você já tem? Muito obrigado, pela comunicação de que estarei na dedicatória,[37] você ainda é um homem de amigos, *Deo Gratias*.[38] Mas não creia muito neles.

Quanto à sua transferência para esta metrópole, só posso vê-la como muito boa medida. Evidentemente, esse é um

---

[37] Curiosamente o nome de OLR não constará, como prometido por MR, na dedicatória. Na folha de rosto do exemplar de *A estrela vermelha* (1953), lê-se: "A Nelson Faria / Lucas Lopes / e Geir Campos".

[38] Expressão latina que significa "graças a Deus".

problema que deve caber numa equação pessoal, variável sempre de acordo com a pessoa, solucionada, pois, individualmente. Para mim, foi ótima a mudança (Depois que escrevi, me perguntei, quase ao mesmo tempo: foi mesmo?). Mudar é muito bom. A gente arrasta para estas praias o cadáver mineiro e continua vivendo aqui, como aí, só que em outros quadros, quase sempre com mais movimento e mais sol, mais janelas, mais luz. Essencialmente, porém, se realmente se tem uma essência, não se modifica em nada. Nem nada passa. Nada passa, aliás, de maneira alguma. Tudo permanece. Pela vida afora, vamos amarrando cadáveres a nós mesmos, criando monstros a leite. Chegará o dia de sermos devorados. Adiamos essa devora com o vômito literário. Escrevemos para não sermos devorados (Alguém deve ter dito isso, mas é meu). Você, se realmente está disposto a abandonar B. Hte., deveria tentar uma experiência no Rio. Se você for à França, creio que essa viagem facilitará tudo, pois ajudará a cortar certas amarras, que são difíceis de serem desligadas. B. Horizonte tem visgo. Comigo pelo menos, era assim: me apaixonava por um raiozinho de sol, um ventinho da avenida João Pinheiro, uma cicatriz num banco da praça da Liberdade, pelas folhas secas da rua Alagoas, por umas iniciais na calçada da rua Sergipe, pela paz de certo quarteirão espichado ao sol de três horas da tarde, com o preguiçoso cocó-ri-có de uma galinha mineiríssima. Tudo são motivos para não mudar porque tudo são motivos de amor. Mas a gente muda e passa a amar outras coisas, sem esquecer as antigas. Eu sou assim, amo num vasto diâmetro em torno a mim. Metam-me no Sahara e amarei quinhentos quilômetros de areia, na mais pura e ardente das paixões.

Sua segunda carta é a cartilha da tristeza. Me preocupa. Meu caro, reforme o chapéu, ponha-lhe pano, não o poupe, arranje-lhe dono e faça a chuva. Quanto à ausência dos amigos, é isto mesmo: quando precisamos muito deles, eles não existem. Não é por ingratidão deles, não; talvez não seja. É por fatalidade, por destino.

Duro ofício, este de viver. Vivo a dizer que não me sinto apto para ele, que o ignoro, que não sei por onde começar. Quanto a mim, minha verdadeira vocação é a morte. Nascemos é mesmo para morrer, com este disfarce que é a vida de permeio. Não sei, mas não creio em soluções. Desamparo não tem cura, tem paliativos. Buscar relações, ligar-se às coisas, amar burramente uma vassoura, apaixonar-se doidamente por um tapete, morrer por uma coleção de selos, enlouquecer de amor por uma avenca. Esquecer-se um pouco, anestesiar tanto quanto possível o sentimento, a sensação, o pontapé da existência, da vivência. Sair de si mesmo, expulso se for preciso, como se expulsa um cão leproso e repugnante, senão a gente morre de mastigar a própria consciência, nessa autodevoração amarga e miúda. Por tendência, sou um ruminante de mim mesmo. Precisamos provocar, ajudar a hemoptise, vomitar um pouco de nossa alma (e não comer o vômito, como um cão humilhado). *Estoy cansado de ser hombre.*[39] Quando me perguntam quantos anos tenho, deveria responder: "Tenho vinte e seis anos de erros". Só há um caminho na vida, o caminho que perfazemos palmo a palmo, morosamente, enervantemente. É inútil buscar atalhos (ilusões), somos repostos violentamente sobre nossa *via crucis* individual. E estamos sós, pavorosamente sós, nessa marcha medonha para o grande espetáculo, a grande peça, a imensa representação, a fabulosa revista teatral que será o Juízo Final.

Perdoe toda essa conversa imprópria. Se não tenho mão em mim, descambo para abismos insuspeitados. Li "Dom José não era" várias vezes. Desde uma vez que estive aí em Belo Horizonte, se não me engano quando saiu publicado no *Estado*. Gosto do conto, mas quase sempre, quando medito nele, acho-o um tanto esquemático, feito de mosaicos literários,

---

[39] Provável alusão ao primeiro verso do poema "Walking Around", do livro *Residencia en la Tierra*, 2, de Pablo Neruda (1904-1975), em que o poeta chileno diz "Sucede que me canso de ser hombre".

pequenos flagrantes. Não detenho de todo uma certa antipatia que nutro, não estou certo se com razão, pela interrogação. "Dom José não era" está cheio de interrogações, de frases curtas, num estilo elíptico, tão diferente do seu estilo, que é bíblico, narrativo, tranquilo, largo. O fôlego de "Dom José não era" é outro, sincopado, arrítmico, esburacado. Apesar de tudo, não consigo dizer que não gosto do conto, pois gosto realmente. Acho nele coisas muito boas e o interpreto, para mim mesmo, como uma sátira aos julgamentos humanos. É um conto-parábola sobre a justiça dos homens, os seus juízos e avaliações. Dom José amava o povo. Grande figura, e desse falso nobre espanhol, enigmático e mal julgado suicida Danilo José Rodrigues. Não lhe faltou, mais tarde, depois que tudo era inapelável, a ironia de uma estátua.

"Os dragões" me recolocam no seu ritmo, me embalam. Desde a primeira frase, me embalo na narrativa, feita no tom sereno das coisas normais de todo dia, com palavras familiares próprias para contar um caso ao almoço, e no entanto contendo, enredado em seu mágico poder renascido, o espanto das coisas absurdas. A gente acredita na história dos dragões, porque ela nos é narrada num tom de verossimilhança. Não vejo nesse conto nada de mais, nada fora do lugar. Desconfio apenas que dos dois dragões, Odorico e João (nomes excelentes), um poderia ter destino diferente, o último, João, para evitar que ambos desaparecessem. Talvez seja besteira, pode ser que o desaparecimento seja o melhor, mas pode sugerir pequena lacuna de imaginação. Mas não tem importância. "Somente os meninos, que brincavam furtivamente com os nossos hóspedes, acreditavam serem eles simplesmente dragões. Todavia, não foram ouvidas as criancinhas". É formidável. Notável o tom do narrador, narrador que é de uma sensatez insensatíssima. "São dragões", é ele que bota as coisas nos lugares, mas logo descamba para o fantástico quando trata de educar os dragões, seres fantásticos colocados numa atmosfera de cotidiano, absurdo encravado no vulgar e no possível. "Os dragões" retorce a gente por dentro, machuca, endoidece. Acho que você não deve cortar aquela pretensão que foi inculcada a João, maliciosamente: a de ser eleito prefeito municipal. Acho muito bom isso e realça os contornos do conto, que se fundamenta exatamente nessa aliança do absurdo com o vulgar.

"A lua" é surpreendente. É incrível como você, com três páginas, consegue comunicar a sensação de existência de um personagem, Cris. Estilisticamente muito bem feito. O conto é hermético, duro, sem pega, redondo, fechado em si mesmo, de difícil acesso, inabordável. É o que está escrito, é o que é. No fim, o assassínio é uma beleza, com a lua nascendo do corpo magro de Cris. A prostituta em pranto, e depois o surpreendente sorriso de massa, que emprestam um súbito sentido, uma importância antes insuspeitada, à boneca vista na vitrine do subúrbio. "Um rosto de criança. Os olhos azuis, o sorriso de massa". Não há explicações, não há facilidades: o conto é completo, encerrado, inabordável, como disse. Deixa um sentimento de mal-estar. Imagino comigo que foi assassinado um inocente, mas o assassino estava escravizado a ele, à sua rotina, aos seus passeios: tinha que matá-lo para romper. Devia amá-lo, certamente, com o rosto de criança e os olhos azuis. E o sorriso de massa, traço que desumaniza Cris e o aproxima violentamente de uma boneca.

"A cobra de vidro"[40] tem achados, mas não acertei ainda com a sua unidade (mesmo interior). É um sonho, a volta de Marialice. O "Oh meu general russo!" acho uma delícia, assim sem qualquer explicação. É um conto que exige esforço do leitor. Se a gente não lê com atenção, não percebe que o personagem tem um olho inutilizado, não liga as coisas. E é amargo (como quase todos). Acho que sei o que me desagrada nesse conto: é que não é propriamente um conto, mas um episódio, um capítulo (de novela, de romance). Marialice desaparece

---

[40] Conto publicado pela primeira vez em *A estrela vermelha* (1953) com o título "A flor de vidro".

muito depressa. Os trilhos paralelos condenando à solidão, como este há outros achados.

"A estrela vermelha" é positivamente o melhor, o mais rico de sentido. Godofredo ama Bruma (Bruma é Dora, para a mãe, para o que a ama é Bruma, nome nada prosaico feito Dora, antes poético a valer). Para tomá-la ao irmão, vai provar que está louco. Não corte "Os olhos vagos, distantes, como se dirigisse as palavras aos campos, ou aos animais, pastando ao longe". Acho muito bom. Og vê astros, de todas as cores. É um poeta, é um amante. Godofredo, não. Mas é ele que acaba sendo o louco e o anormal, o que não via estrelas. Via, entendia de porcos. É um belo conto, onde reencontro o Murilo Rubião de "O ex-mágico". Godofredo embalde [inutilmente] tentaria recuperar os dias da infância. Depois que chorou longamente, porém, prestes a findar a tarde, uma enorme estrela vermelha se levanta diante dele e, pouco a pouco, se desdobra em cores. Todas as cores – como finaliza o conto, carregado de poesia, defesa da poesia, de sentido, ligado, como ouros, à fonte bíblica.

Velho Murilo, está tardíssimo, não posso continuar nesta tentativa de lhe dizer sobre os contos que você me mandou tudo o que seria preciso dizer. Estou cansado, muito cansado, com sono, com pouca vontade de bater a máquina. Desculpe o desalinho desta carta. Vai nela, porém, o melhor de meu interesse pela sua obra literária e o calor de minha amizade. Escrevi muito (cinco páginas!), mas me sinto insatisfeito, sem ter dito até a ponta o que seria necessário. Talvez não convenha dizer tudo (não em relação aos contos, ou a você, mas a mim, a estados de espíritos meus – entenda-se).

B. Hte. como vai? Hélio (este ingratíssimo) me mandou um poema para publicar. Saí do *O Jornal*,[41] desde duas semanas. Publiquei dele dois sonetos, sem que m'os mandasse, tinha-os. Li

---

[41] Fundado em 1919, circulou no Rio de Janeiro até 1974. Primeiro veículo comprado por Assis Chateaubriand, sendo considerado o embrião dos Diários Associados.

Murilo: só hoje, 2 ontem, 8 [em mi]nesta carta. Desculpe os erros de máquina. Não [escre]va sempre. Mande os novos contos, se os há[...]
Ab Ob

Rio, 30 de setembro de 1948.

Murilo amigo: Há vários dias estou para lhe escrever. Mas você não ima[gina]
por quantas complicações tem passado êste pobre. Andei caningado, mais [que]
nunca, com embaraços por todas as latitudes. Agora, estou repondo as co[isas]
nos lugares, já não tenho o rosto inchado, paguei uma letra no Banco, fi[quei]
noivo, as coisas vão indo. Ainda há o que fazer, muito, mas esperemos e[m]
Deus. Por tudo isso, tenho andado sumido. Não escrevo cartas, gênero a[o]
que fui outrora dedicado. Meus correspondentes desapareceram, ninguém m[e]
responde, grito, não há nem éco. Você é o único mineiro fiel, o único c[...]
tão dessas montanhas que estrangulam a alma dessa gente mesquinha e fri[a]
de coração de pedra num peito de gêlo. Você pulsa, pulsa de tristeza e [de]
amparo, dói em mim, você me dói, meu velho Murilo, mas ainda bem. - Di[sse]
aquele dia pelo telefone, da casa do Fernando, que tinha recebido os co[n]
tos e gostado. Gostei mesmo. Estava esperando oportunidade de poder esc[re]
ver-lhe com calma, dizendo o que acho. Não sei se posso fazer agora, po[is]
já é muito tarde e tenho de levantar cedinho amanhã. Agora, me deito se[mpre]
antes de meia-noite, às 11 em geral, e me levanto no máximo às oito. Em
geral, não tenho nada para fazer assim tão cêdo, tão de madrugada. Mas
levanto. Estou me dando bem com o novo regime. Deixei de fumar há já um
mês, parei de ter dôr de cabeça. Durmo bem e não bebo (nunca fui disso,
já lá). Pode ser que tudo aconteça de novo, mas até aqui estou indo mui[to]
bem. Só não me curei do hábito de ficar matutando e ir entristecendo, e[n]
tristecendo, lenta, lentamente, doce-docemente, até sangrar de dúvida e
tristeza, até duvidar da minha própria existência. Ainda hoje foi assim[.]
bem que o meu dia astrológico me previa contrariedades. Estou numa prof[unda]
depressão, me dá um infantilismo retrógrado, me sinto um bebê, um meni[no,]
uma vontade de ficar protegido, embalado, acarinhado, fora do mundo, lo[nge]
de tudo, confiando em alguma coisa frágil, mas poderosíssima, como mãe [de]
menino, ou mesmo uma coisa mesmo, coisa-coisa, um ruidinho de cadeira,
pé de mesa, uma certa sombra de copa familiar. Ah, mundo sem refúgios.

dele de novo os Sonetos e Canções. Teria muito que dizer para provar que não gosto. Marco não dá sinal de vida? Amilcar?[42] E os outros? Murilo velho, o abraço do sempre

Otto.

Carta assinada: "Otto"; datada: "Rio, 30 de setembro de 1948"; datiloscrito; autógrafo a tinta preta; 5 folhas.

---

13 (MR)   Belo Horizonte, 5 de outubro de 1948

Velho Otto,

A sua carta me fez um grande bem. Ela chegou cedo, na manhã de ontem, manhã que prenunciava um dia triste, as varetas do chapéu de chuva apontadas para o céu. Confirmou, para minha alegria, a notícia do seu noivado, a certeza de que os seus vinte e seis anos de erros serão redimidos e o seu todo de Alfredo, o Dromedário, será dissolvido pelo carinho de olhos menos tristes que os seus. Confio, por você e os seus amigos, na farmacopeia das Helenas,[43] mulheres que jamais enganaram o velho Rubião, teórico emérito em coisas da vida.

As suas observações sobre os meus contos vão me ajudar muito e me chegaram no momento certo, quando o sofrimento de escrever e amar os meus personagens (ou odiar), no meu novo livro, estava me esmagando.

Não se impressione, querido Alfredo, com a minha "cartilha de tristezas" nem com os meus "lamentos belohorizontinos".

---

[42] Amilcar de Castro, ver carta 07, nota 30.
[43] Referência às esposas de Fernando Sabino e OLR, Helena Valladares (filha de Benedito Valladares, Governador de Minas Gerais de 1933 a 1945) e Helena Uchoa Pinheiro (filha de Israel Pinheiro, Governador de Minas Gerais de 1966-1971). OLR se casa com Helena Pinheiro (posteriormente, Helena Pinheiro Lara Resende) em 1950.

Não transponha montanhas, evite os vales, que a minha tristeza é sem remédio e, continuamente, ela chegará ao seu coração. Ela viajará nos meus contos, emergirá das minhas cartas. E por que não esmago esses pequenos desalentos, não faço um tratamento com espinafre? Lá dentro, lendo os seus livros, tomando notas, vive um homem solitário, um homem bom. Tem mulher e quatro filhos. Escreveu livros e deve ter plantado algumas árvores. Tem 60 anos, amou muito e sinto que o seu medo da morte é igual ao meu. Por ter um temperamento delicado, ser discreto e possuir um grande pudor das confissões, ficou sem amigos, ele que tanto amou seus semelhantes. Esse homem explicou a minha herança e me condena a um remorso irremediável: o de ser seu amigo (dele) de longe trancado neste quarto.

Sim, a literatura não cura, é paliativo. Contudo, a ela devo não me ter suicidado quando perdi a Fé, escapado ao hospício (Para lá quase me conduziram as taras de uma família de líricos, capitães de navios negreiros, fazendeiros-poetas e um pintor de igrejas). Sei que ela me reconduzirá a Deus, já que me reconduziu ao Mistério.

Mas, mudemos de assunto. O meu livro, *A estrela vermelha*,[44] será dividido em quatro capítulos, cada um iniciado por uma parábola, em grifo:

I

<u>POÇO</u>

A passagem de roca

1) A estrela vermelha
2) Wadad
3) Cobra de vidro
4) Ester

---

[44] Como é possível ver na edição de *A estrela vermelha*, publicada em 1953, MR não seguiu esse esquema de organização, segundo o qual os contos seriam divididos em quatro capítulos, sendo cada um precedido de uma parábola.

II
BABEL
O edifício

5) A greve
6) D. José não era
7) A fila

III
ESPELHO
A beleza

8) A torrente
9) Os dragões
10) A guerra

IV
FRONTEIRA
Solidão

11) A viagem
12) Arco-íris
13) O relógio
14) A lua

Alguns títulos são provisórios ("A beleza", "solidão", "A torrente", "A viagem", etc).

Não sei o que está acontecendo com o Pirotécnico Sabino: não me escreve, não dá sinal de vida. Estará zangado comigo?

Possivelmente deve ter chegado a seu conhecimento, através de vozes "autorizadas", a notícia de meu noivado. Peço desmentir a notícia. O negócio já está me incomodando (até a Betinha, a pedido da Helena Sabino, perguntou-me se era verdade que eu estava noivo). A namorada que deu motivo a tão desagradável boato, uma loura miúda, olhos tristes e ex-pequena de um conhecido poeta, foi um equívoco. Estou me consolando do mesmo com uma morena de olhos grandes, alegres; carnes rijas, uma grande saúde. Ela constitui, no momento, a única alegria do aposentado mágico. E que alegria, santo Deus!

Um grande abraço para você, para as Helenas e para a gloriosa comunidade dos Sabinos.

Do seu velho e fiel

Murilo

Carta assinada: "Murilo"; datada: "Belo Horizonte, 5 de outubro de 1948"; datiloscrito; autógrafo a tinta preta; 3 folhas.

---

14 (MR) Belo Horizonte, 25 de outubro de 1948

Querido Otto,

Nem sei mais o que escrevi na outra carta (a que segue com esta). Ficou em cima da mesa, enquanto acontecimentos perturbadores me deslocavam da minha habitual solidão. Não foi o amor. Uma tristeza maior, causada pela morte de um grande amigo, momentaneamente, me fez esquecer os amigos vivos. Volto agora, com retemperada ternura, aos meus fiéis companheiros. Muito pouco dura a solidão de uma vida. A morte nos rodeia e a pressa é nossa em encontrá-la. É preciso cultivar esta pergunta: Quanto tempo nos resta para amar? Um cão vive, no máximo, quinze anos. Mas quinze anos de fidelidade e ternura pelo seu amo. O horrível é viver duzentos anos (como qualquer tartaruga), de cabeça encolhida, passo lento, sem ao menos uma reminiscência da infância.

Não irei longe com esta carta. Ela se destina apenas a justificar o atraso da outra. E, além do mais, acaba de me sugerir um tema para conto: um homem começa a ser esquecido pelos seus melhores amigos. Companheiros velhos, com os quais estivera semanas antes, não mais se lembram dele. Somente aqueles que não lhe interessam, que lhe não dedicam nenhuma amizade, o procuram. E um homem sem amigos morre, morre de melancolia.

Abraços para a comunidade kafkiana[45] do seu
velho

                                                   Murilo.

P.S. Com o nosso Paulo, já convalescente, combinei uma série de reuniões. A primeira (se você e o Fernando vierem agora a Belo Horizonte) será aqui. A segunda, no Rio, e a terceira, por força do hábito, de nos reunirmos em Paris. Sugestões remotas – as quais não está alheio o Capitão Coré – apontam as Bermudas como sede da décima reunião.

Carta assinada: "Murilo"; datada: "B.H., 25-10-48"; datiloscrito; autógrafo; correções a caneta; 2 folhas.

---

15 (MR)   BELO HORIZONTE, NOVEMBRO DE 1948

Otto, velho Otto,

Um bilhete apenas. Contudo, alegre. Apesar do tempo chuvoso, ou por causa dele mesmo. Consertei meu guarda-chuva sentimental, comprei um novo: "armação de aço, panejamento sedoso"; aluguei o meu olhar de inverno e, para o cúmulo de uma obesa felicidade, aprendi a assoviar uma certa música. Impossível reproduzi-la aqui! Mas que música, que pernas! Pena, seu Otto, que me tenha acontecido a mesma coisa que ao velho Salomão: "Três coisas me são difíceis de entender, e uma quarta

---

[45] Parece que MR se refere, ao tratar da "comunidade kafkiana", aos amigos Fernando Sabino e Paulo Mendes Campos. Provavelmente Hélio Pellegrino era um dos integrantes do grupo, mas, em outubro de 1948, Hélio ainda residia em Belo Horizonte. Além dessa comunidade intelectual fictícia, havia também a "Academia dos Grilos", que tinha por divisa o título do primeiro livro de Fernando Sabino, *Os grilos não cantam mais* (1941). Dessa academia fundada por MR, Sabino e Jair Rebelo Horta, faziam parte OLR, Paulo Mendes Campos, Fritz Teixeira de Salles e José Alves Pedrosa.

eu a ignoro completamente: o caminho da águia no ar, o caminho da cobra na pedra, o caminho da nau no meio do mar, e o caminho do homem na sua mocidade".⁴⁶ Ah! O bilhete...

Você, por acaso, conhece algum conto em que o personagem tinha umas unhas que cresciam sempre?⁴⁷ Estou escrevendo um nesse sentido e tenho dúvidas se alguém não o escreveu antes. O meu homem era um sujeito supervaidoso, belo físico, grande elegância. Não perdia uma festa e sempre amado pelas mulheres. Uma noite, enquanto dormia, as unhas das suas mãos crescem assustadoramente. Daí por diante, apesar de cortá-las a todo momento, elas crescerão sempre. E não mais pode sair de casa, não mais cuida de roupas, não se barbeia, preocupado em cortar as unhas. Um dia, já velho e gasto, resolve não mais se importar com elas. E, para seu assombro, verifica que elas não crescem. Uma alegria estúpida domina-o. Porém, quando encontra a sua fisionomia num espelho – cansada e envelhecida – verifica a inutilidade do acontecimento: já era tarde para recomeçar (brilhar na sociedade, etc).

Desejava que você me arranjasse o endereço das seguintes pessoas: Maria Isabel (autora de "Visão de paz"),⁴⁸ Oscar

---

⁴⁶ Citação do livro *Livro dos Provérbios*, Capítulo XXX, versículos 18-19, que integra o Antigo Testamento. Esses mesmos versículos são empregados por MR como epígrafe de seu conto "Teleco, o coelhinho", publicado pela primeira vez no livro *Os dragões e outros contos* (1965).

⁴⁷ MR, de fato, escreveu um conto com este tema, intitulado "As unhas". Alocado no arquivo do escritor, numa pasta intitulada "A guerra e as unhas", o datiloscrito, contendo várias anotações nas margens e correções a lápis, apresenta duas datas, uma ao início do texto, outra, ao final: 13/07/50 e 14/07/50. O conto não chegou a integrar nenhum dos livros editados pelo autor em vida, mas foi publicado na edição n. 1 de novembro de 1994 do *Suplemento Literário de Minas Gerais* (p. 4 e 5) pelas pesquisadoras Vera Lúcia Andrade e Ana Cristina Pimenta da Costa Val, do Acervo de Escritores Mineiros.

⁴⁸ Maria Isabel Ferreira (1913 -?). Poeta de tendências reflexivas e religiosas, publicou os livros *Dardo de vidro* (1942), *Rosa leve* (1944), *Visão de paz* (1948) e *O sol e o nada* (1961). Sua poesia chamou atenção de Carlos Drummond de Andrade, que escreveu um ensaio acerca de sua obra – "Maria Isabel: canto amoroso", publicado na primeira (1952) e segunda (1975) edições de *Passeios na ilha*.

Niemeyer,[49] Roberto Burle Marx,[50] Francisco Barbosa[51] e Claudio Tavares Barbosa.[52] É difícil?

"O Espírito do Senhor repousou sobre mim, porque o Senhor me encheu da sua unção; ele me enviou para evangelizar aos manos, curar os contritos de coração, e pregar remissão aos cativos e soltura aos encarcerados;

Para publicar o ano da reconciliação do Senhor, e o dia da vingança do nosso Deus; para consolar todos os que choram;

Para pôr aos que choram de Sião, e dar-lhes coroa por cinza, óleo de gozo por pranto, em lugar de espírito de tristeza, manto de louvor; e os que estão nela serão chamados os fortes de justiça, plantas do Senhor para lhe darem glória."[53]

"Ó tu (velho Otto), a que habitas nos jardins, os teus amigos estão atentos; faze-me ouvir a tua voz".[54]

Um abraço do seu fiel

Murilo.

Carta assinada: "Murilo"; datada: "Belo Horizonte, nov. 48"; datiloscrito; autógrafo a tinta preta; correções a caneta; 2 folhas.

---

[49] Oscar Ribeiro de Almeida Niemeyer Soares Filho (1907-2012), o mais importante arquiteto brasileiro e um dos maiores nomes da arquitetura no século XX, criou as obras da Pampulha, em Belo Horizonte, e de Brasília, além de inúmeras outras realizações em vários países.

[50] Roberto Burle Marx (1909-1994), artista plástico brasileiro renomeado internacionalmente como arquiteto-paisagista. Entre alguns de seus trabalhos de paisagismo, cabe destaque para o Conjunto Arquitetônico da Pampulha, em Belo Horizonte, o Parque Ibirapuera, em São Paulo, e o Edifício Sede da UNESCO, em Paris.

[51] Francisco de Assis Barbosa (1914-1991), biógrafo, ensaísta, historiador e jornalista, foi um dos fundadores da Associação Brasileira de Escritores (ABDE), auxiliado na organização do I Congresso da entidade. De sua produção, destacam-se *A vida de Lima Barreto* (1952), *Machado de Assis em miniatura* (1957) e *Juscelino Kubitschek: uma revisão na política brasileira* (1962)

[52] Claudio Tavares Barbosa, advogado, inspetor de ensino e poeta, autor dos livros *Mundo fechado* (1948), *Acaba mundo e outros poemas* (1958), *Um poema prosaico* (1968).

[53] Citação do Capítulo 61 do *Livro de Isaías*, versículos 1 a 3.

[54] Citação do Capítulo 8 do *Cântico dos Cânticos*, versículo 13.

16 (OLR) Rio de Janeiro, 2 de dezembro de 1948

Murilo amigo:

São oito horas da manhã, manhã brumosa e acariciante. Boa para ficar na cama. Sobretudo quando consideramos que o corpo só se recolheu pela madrugada, depois de três horas, como foi o meu caso. Motivo: aquele infernal aparelhinho gravador do Sabino, que acabará por enlouquecer-nos a todos. Pois foi o caso que o Capitão[55] (ei-lo, aqui está ele e por duas noites se hospedou em meu tugúrio) se entusiasmou, tomou-se de amores pelo aparelhinho diabólico e foi até preciso fio novo para comportar tantas e tais caricaturas que se dignou inventar. Descobri, repentinamente, que o Capitão o é de Corveta, o que me deu grande alegria e decidi comunicar o feito imediatamente a você. Faço-o agora, indagando pelo porto em que o Capitão terá ancorado sua Corveta. Ao Rio não trouxe nem sequer o chapéu de dois bicos, para bradarmos aos ventos os gritos e urros de comando. Creio que está decadente o nosso lobo do mar. E é pena, pois tão poderoso e duro capitão, se bem munido de competente e sólida corveta, certo navegaria os sete mares da vida, inaugurando um novo e fabuloso ciclo náutico para o mundo, tão preso às misérias e pequenezas de terra. Pois o que é preciso é alçar as âncoras e partir. Partir! Partir! (Creio que realizo a viagem temerária pelos mares interiores). O senhor Capitão, que outrora foi biblicamente Coré, e hoje o é classe L, de Corveta, Ministério da Marinha, talvez não concorde com minhas conclusões, mas exatamente suas indecisões tímidas ou seus bruscos avanços o têm trazido preso a derrotas, como foi o caso, ainda recente, de uns olhos ver-

---

[55] Referência ao Capítulo 36 do livro da Gênesis, do Antigo Testamento. Neste capítulo são elencados os descendentes de Esaú. Dentre eles consta o capitão Coré, filho de Esaú e Oolibama (Cap. 36, versículos 5, 14, 16 e 18). Pelo que o contexto indica, OLR se utiliza da personagem para referir-se à pessoa de MR.

des enganadores, a que pretendeu ousadamente lançar âncora. Fugiram-lhe os olhos juiz-de-foranos, ficou-lhe a Corveta fiel. O Capitão, tão insofrido e timorato, recolheu-se ao porão da nau e nada, nem sílfides nem arúspices, consegue daí tirá-lo para a luz do dia. *Gran Capitan*!

Pois Murilo, aí estaremos na próxima semana para o casamento do senhor Pellegrino.[56] Iremos com banda com a certeza de que os foguetes foram providenciados. As bodas alegram o coração dos jovens, que assim é a vida e o seu insondável mistério. Paulo irá antes, Fernando, Helena (Sabino) e eu, provavelmente após, lá pela quinta-feira vindoura, mineiramente de trem, pois que o avião, por não dispor de poderes que dominam a tempestade, enruga-nos a alma de temores e calafrios e ousa às vezes até o trituramento, em lugares ermos e montanhosos, dos corpos que devora silenciosamente (parados os motores, é certo). Quando vejo aquela imensa fila, no aeroporto, penetrando para dentro do avião, sumindo lentamente por aquela portinha misteriosa, fico convencido de que estão alimentando o novo monstro com carne humana. O novo Leviatã é exigente e exige moços e moças para sua ração cotidiana. Tal qual na antiga Grécia; a técnica, tão cantada, conseguiu engambelar o monstro e usá-lo, com algum sucesso, como meio de transporte. Enquanto o monstro termina a digestão de suas vítimas do Canadá, arrota furioso pelos ares da China e transporta vinte e cinco cidadãos até Pequim. Neguem-lhe carne, porém, e ele cuspirá fogo, soprará sobre a cidade o seu bafo quente e empoeirado, o seu tufão, e roncará a sua cólera mecânica por três e quatro bocas metálicas, possuído de um ímpeto demoníaco, capaz de levitá-lo pelos ares e precipitá-lo, como louco, no ignoto e no terrível.

---

[56] Hélio Pellegrino casou-se em 11/12/1948 com Maria Urbana Pentagna Guimarães, filha do médico, empresário e político Júlio Mourão Guimarães (18??-1965), um dos fundadores do Banco de Crédito Predial S.A, hoje conhecido como Banco BMG.

Velho Murilo, eis que você foi responsável por um desastre que acabou de suceder. Eu estava deitado, quando chegou o menino de minha lavadeira. Trouxe roupa, não trouxe mensagens. Levantei-me, depois deitei-me de novo. Dormi tardíssimo, como está anotado para trás. Preciso dormir mais, mas o tempo urge e eu estou prometendo há uma semana ir à cidade, para o dentista. Hoje irei, ainda que os deuses não digam amém. Já são oito e meia; Levanto-me, pois. Puxo a mesa e eis que derrubo ao chão o precioso líquido de um líquido remédio, aliás por mim emprestado, há dois ou três dias, ao caro Capitão, para que curasse e pensasse suas mazelas e vergonhas, quando aqui pousou, de Corveta triste e ancorada. Bem, o papel acabou-se. Até B. Hte... Meu melhor abraço para você.

Carta sem assinatura; datada: "Rio, 2 de dezembro de 1948"; datiloscrito; 2 folhas.

| 17 (MR) | BELO HORIZONTE, 17 DE DEZEMBRO DE 1948 |

OTTO SEGUIU ROTEIRO SENTIMENTAL PT RESTA PAULO[57] VG EMÍLIO[58] E A SOLIDÃO PT ABRAÇOS MURILO

Telegrama: "Murilo" [assinado a máquina]; impresso "REPARTIÇÃO GERAL DOS TELEGRAPHOS – Telegramma"; Carimbo: "BHorisonte, 17 de dez. de 1948".

---

[57] Paulo Mendes Campos.
[58] Poeta e professor, Emílio Guimarães Moura (1902-1971) foi ligado ao grupo de intelectuais que participou do movimento modernista de Belo Horizonte – tais como Carlos Drummond, Abgar Renault, Pedro Nava, Milton Campos e Gustavo Capanema, entre outros. Colaborador de diversos periódicos de Belo Horizonte, ligou-se de amizade ao grupo formado por MR, OLR, Sabino, Hélio Pellegrino e Paulo Mendes Campos. Há uma fotografia, comentada por MR e OLR nas cartas 61 e 62 deste volume, que registra essa amizade.

18 (OLR) Rio de Janeiro, 19 de janeiro de 1949

Murilo amigo:

Aí em Belo Horizonte, no Bar Costa, você me falou uma tarde na possibilidade de transferir uma dívida minha, num Banco aqui do Rio, para um congênere cujo diretor seria seu amigo. Na hora, como não havia oportunidade exata, não me interessei pelos detalhes. Agora, chegado ao Rio, encontrei pela minha frente, uma verdadeira hiena bancária, na pessoa de um gordo e frio cavalheiro que se recusa a aceitar a reforma de um título meu, avalizado pelo meu pai, que monta a dez mil cruzeiros. Procurei solucionar o caso com algumas relações daqui, mas o dinheiro anda escasso e os Bancos, avaros. Estou, assim, entregue aos braços insensíveis da hidra capitalista, já com outra letra vencida, mergulhado num mar de dívidas, eu, que nunca soube nadar nem em felicidade! Eis que então lhe escrevo agora, consultando-o a respeito, para ver se você terá uma indicação a dar-me, baseado naquela ponta de conversa da Casa Costa. Escreva-me tão logo quanto possível, pois uma palavra sua, seja em que sentido for, será sempre uma janela aberta nesta alcova cruel em que estou metido presentemente, ferido pela minha sensibilidade moral para dívidas, que é imensa. E o pior é que ando atormentado por verdadeiras dívidas de estudante, num transe difícil de minha vida, quando não sou mais que um *charmeur* ligado aos velhos hábitos burgueses, com cinema e barbeiro de primeira. Desculpe-me de lhe escrever sobre assunto tão enfadonho, levando-o para uma realidade que, de natura, não é a sua, nem tampouco a minha, pobre de mim.

No mais, a velha solidariedade de sempre do seu velho

Otto.

Carta assinada: "Otto"; datada: "Rio, 19 de janeiro de 1949"; datiloscrito; autógrafo a tinta preta; correções a caneta; 1 folha.

19 (MR) Belo Horizonte, 22 de janeiro de 1949

Velho Otto,

Recebi sua aflitiva carta há poucos minutos e fiquei tanto, ou mais aflito, pela minha longa e melancólica experiência no assunto, e por saber-me, deste lado das montadas, incapaz de lhe dar uma ajuda maior. Você não entendeu bem a nossa conversa na Casa Bahia. O diretor de Banco, meu amigo, não trabalha no Rio, mas em Belo Horizonte. Eu lhe disse, naquela ocasião, que ele me daria, no caso da minha transferência para o Rio, uma carta de apresentação ao gerente da Sucursal. Como aquele senhor é, além de amigo, meu tio, etc., etc., eu não teria dúvida em conseguir a transferência da sua dívida para o Banco dele. Por azar, e mal dos nossos pecados, o meu tio encontra-se em Guarapari, no Espírito Santo, em gozo de férias. Contudo, em casos como o seu, a primeira coisa que devemos fazer é não perder a calma. Você já procurou o Luiz Camillo,[59] diretor do Banco Crédito Real? Procure-o. Ele é um camaradão e compreenderá sua dificuldade. Se de todo não for possível, o Faria, que tudo resolve, santo Deus! – arranjará uma solução bancária para o seu caso. Ele é muito ligado aos meios bancários e tem um irmão (também meu amigo) gerente de Banco. O meu aval está à sua disposição. E ficaria satisfeito se ele lhe fosse útil, mesmo sabendo da modéstia dele, principalmente nessa praça. Mas, calma, meu bom pajé. É difícil tê-la, tendo-se na nossa frente tão poucas saídas e

---

[59] Trata-se de Luiz Camillo de Oliveira Netto (1904-1953), que, à época, exercia a função de diretor do Banco de Crédito Real de Minas Gerais. Químico industrial por formação, historiador e professor de História da Universidade do Distrito Federal, no Rio de Janeiro, também foi diretor da Casa de Rui Barbosa e do Centro de Documentação do Itamaraty. Luiz Camillo participou ativamente da vida política brasileira, sendo um dos principais articulistas do Manifesto dos Mineiros, de 24 de outubro de 1943, e, posteriormente, como um dos fundadores da União Democrática Nacional (UDN).

tantos olhos ferozes. Você conseguirá uma solução para as suas dívidas. Mesmo que seja precária, não tem importância. Eu lhe ajudarei [a] encontrar outra melhor, assim que se efetive a minha transferência. A chave está, no momento, com o Luiz Camilo ou Faria.

Um grande abraço e mande-me notícias da solução do caso para o seu fiel amigo

Murilo

Carta assinada "Murilo"; datada: "Belo Horizonte, 22 de janeiro de 1949"; datiloscrito; autógrafo; correções a caneta; 1 folha.

20 (MR)   BELO HORIZONTE, 24 DE JANEIRO DE 1949

Otto,

Continuo aflito com a sua situação. Temo pelas suas indecisões, eu que ando tão indeciso diante do amor! Não se esqueça das soluções que lhe apresentei. Ânimo, amigo!

Espero que você tenha procurado o Faria ou o Luiz Camilo. Se lhe falta a coragem, procure o Fernando, bom companheiro para essa e outras coisas. Ele lhe ajudará. Só o desalento não é boa companhia.

O amor anda rondando minha alma, querido pajé. E como sou bastante caolho para esses exercícios, absolutamente frágil diante dos mistérios da vida, tenho carregado enormes elefantes nas costas.

Ainda não sei quando se efetivará a minha transferência para o Rio. Estou ansioso para que ela se realize. Não para fugir ao amor, que isso não sei se poderei fazer e nem é o caso. A bem-amada mora no Rio e aqui se encontra de passagem. Também não estou amando nem sendo amado. É uma coisa esquisita, não sei explicar, não me entendo, não entendo o amor, não entendo o meu peixe manso. O mistério somente será explicado quando surgirem as ilhas estacionárias.

Até lá, um abraço do seu amigo

Murilo

Carta assinada "Murilo"; datada: "B. H., 24-1-49"; datiloscrito; autógrafo; correções a caneta; 1 folha.

---

21 (OLR)	Rio de Janeiro, 28 de janeiro de 1949[60]

Meu caro Murilo:

Recebi hoje sua segunda carta. E soube, pelo telefone, que você me mandou um telegrama, há coisa de uma semana, para a casa do Fernando, que não soube exatamente reproduzi-lo para mim. Por incrível que pareça, não fui ainda sequer uma vez à casa do Sabino, depois que viemos aí de Belo Horizonte. Minha vida tem se desenvolvido dentro de quadros pacatos e suficientemente atormentados, sem extensões noturnas ou quaisquer outras. Durmo bastante, apesar dos problemas, leio Rabelais[61] ou ensaios sobre a Moral dos Indígenas, saio para a cidade depois de um almoço improvisado em Copacabana, sempre em companhia do Paulo, que é meu hóspede presentemente, neste apartamento

---

[60] Na margem superior da página, acima do local e data, encontra-se a seguinte anotação datiloscrita: "P.S. – Se vir, leia, no *Diário Carioca*, um conto meu, "Execução pela Alvorada", a ser publicado domingo, 30, e mande dizer o que acha, tim-tim por tim-tim.". Também há, na margem superior esquerda, ao lado do início do primeiro parágrafo, o seguinte comentário, também datiloscrito: "Estive outro dia com o Lucas Lopes, que me disse / que você virá logo, com os necessários elogios". O conto "Execução pela Alvorada" foi publicado no *Diário Carioca* em 30 de janeiro de 1949, mas, de acordo com Augusto Massi, permaneceu inédito em livro.

[61] Na biblioteca de OLR, sob a guarda do Instituto Moreira Salles, no Rio de Janeiro, consta um exemplar das *Œuvres complétes* (Paris: Nouvelle Revue Française, 1942) de François Rabelais com dedicatória de Helena Pinheiro para OLR.

que esperei recebê-lo um dia, mas neca. Na cidade, perambulo, sempre cutucado por um grave probleminha miserável, desses de classe sórdida, quase sempre com relação ao capítulo monetário, que escasso e curto, como nunca, para mim. Fora disso, jogamos sinuca, à noite, de onze à uma da madrugada, hora em que venho para casa e me dedico a fazer do Paulo matéria literária, introduzindo-o numa novela com o gracioso nome de Teles.[62] Ainda agora, depois da leitura de um capítulo, ele ameaçou fechar a novela, com o auxílio da Rádio Patrulha, caso eu prossiga lhe dando certos aspectos que não lhe agradam de todo. O personagem, como vê, não apenas explica o autor, ou ao autor, mas impõe e determina, encostado ao poder bélico e físico da P.E.. Caro Murilo, muito me comoveu sua solicitude em face do meu problema financeiro, mais grave do que o da República. Qualquer pronunciamento seu, como lhe disse, seria um consolo, um aviso aos navegantes, réstia de farol entrevisto no negro mar alto das dívidas bancárias. Posso agora dizer-lhe que paguei. Paguei! Mas a situação prossegue e urgem providências.

As sugestões que você me fez, já eu as tinha usado. Luis Camilo, porém, estava por Minas, ausente, portanto, para ser mordido. Quanto ao Faria, apelei para ele, no ápice da angústia, mas, por circunstâncias especiais, o seu Banco não podia fazer-me o empréstimo, naquele dia. Só se esperasse. Esperei, mas a situação não se resolveu, situação lá deles, e então resolvi aceitar uma proposta que me fizera, numa das conversas que mantive com ele: emprestar-me cinco. Outros cinco me foram cedidos pelo Paulo e eu lá fui, pingando até o último tostão, a pagar à hiena, que me esperava à porta, de dentes afiados, e limpou-me os ossos, até o último centavo, a tal ponto que ainda tive de sair e caminhar pela cidade, em busca de quinze magros cruzeiros, faltantes na soma de juros de mora que o ladrão me impôs,

---

[62] Não foi possível precisar se esse personagem existe e se aparece em *O retrato na gaveta* (contos e novelas, 1962), *A testemunha silenciosa* (novela, 1995) ou de texto não publicado.

estribado na lei e em Belzebu. Fiquei, assim, devendo ao Faria e ao Paulo. Este precisará do dinheiro logo, quando embarcar para a França. Quanto ao Faria, preciso reembolsá-lo tão depressa quanto possível, e a dívida me inquieta.

Paguei ainda ao outro Banco, sem maiores complicações. Seria bom agora que eu solucionasse o problema, arranjando ainda os dez mil cruzeiros anteriores, como lhe falei. Aí em Belo Horizonte não seria mais fácil, com o aval de meu pai? Aí, creio, ainda se dá mais valor à honradez e à limpeza de vida, de maneira que se poderá, quem sabe, conseguir o empréstimo. Que acha? Diga-me, e me perdoe escrever-lhe só para isso, quando seria preciso falar de outros assuntos, do Amor inclusive, que anda rondando sua figura desde tanto tempo, e que é seu alimento, seu tormento, seu lenimento, seu contratempo. Ame, bom Rubião, que só amar faz bem às almas, sobretudo a almas como a sua, ávidas desse maná celeste, sem o qual mínguam e fenecem, secando como cardos. Mande detalhes escabrosos ou não acerca do caso e conte, desde já, com a nossa comum solidariedade. Salve Rubião, que te dói? O coração? Abraços do

Otto.

Carta assinada: "Otto"; datada: "Rio, 28 de janeiro de 1949"; datiloscrito; autógrafo a tinta vermelha; rasuras; 2 folhas.

---

22 (MR)   Belo Horizonte, 7 de fevereiro de 1949

Otto,

Desculpe-me, velho Otto, o atraso desta carta, que segue amarga, sem solução. Nada consegui. Os Bancos estão trancados, andei gripado, com amebas, garganta inflamada, o meu pai, que antes vendia saúde, em estado grave: pressão alta. Ando tonto, fugindo das ideias fúnebres, o amor sombreando um coração seco. Pobre coração! Não sei por que fui triste antes. Levei a vida cuspindo tristeza sobre as cousas. Agora chegou a vez delas me devolverem o empréstimo. Uma saliva grossa, dolorosa. Ando úmido de melancolia e a dor não vem do meu coração, vem de fora. Que mundo mesquinho e pouco estranho! Sim "nada se faz na terra sem causa; e da terra não nasce a dor".[63]

O meu tio não regressou do Espírito Santo, o que matou a melhor esperança de solucionar o seu problema. E o meu desespero obscurece a imaginação, anula o meu espírito de iniciativa. Não encontrei o *Diário Carioca*. O Hélio ficou de emprestar-me o conto.

Nunca esbugalhei tanto os olhos, jamais fiz tantas perguntas. Um homem sem infância, atolado em meia dúzia de ideiazinhas estéreis, assustou-se com a vida. Não sabe chorar, não conhece uma oração. É preciso abaixar a cabeça, esconder do ouvido os sons. Esquecer os protestos. Longa pode ser a espera, mas o silêncio chegará. Quando?

Um abraço, querido Otto, que não aguento tamanha tristeza.

Murilo

P.S. Recebi um telegrama do Paulo.[64] Não, nunca houve nem haverá primavera. Nem mês de abril. Somente os amigos existirão.

Carta assinada: "Murilo"; datada: "Belo Horizonte, 7-2-49"; datiloscrito; autógrafo a tinta preta; 1 folha.

---

23 (MR)   BELO HORIZONTE, 19 DE FEVEREIRO DE 1949

Otto,

Não sei se minhas cartas chegaram às suas mãos. Também não sei se a sua vida atual permite o exercício epistolar. Até

---

[63] Citação do *Livro de Jó*, Capítulo 5, versículo 6.
[64] O telegrama de Paulo mencionado por MR data de 06/02/1949 e porta a seguinte mensagem: "EM ABRIL TEREMOS PRIMAVERA PAULO".

ontem, quando o céu nos trouxe o azul, o esperado azul, não sentia ânimo para escrever. Há um mês que não faço literatura. Ando amando, desesperando e sugando a vida. Duas vezes mudei de quarto (toda mudança me traz o suplício de uma longa readaptação), quatro vezes desejei que a paisagem se transformasse. Foi a minha alma que se transformou. Meu pai doente, a medicina impotente diante de uns rins envelhecidos, levaram-me a Deus, ao amor de uma donzela. Plantei novos eucaliptos, troquei os meus cadernos de melancolia por amarguras mais fundas e deixei que se impregnasse a minha alma pelo amarelo dos girassóis.

Terça-feira próxima, dia 22, no avião da Aerovias (o das 15h10), estarei com o meu querido Pajé.[65] Será o meu primeiro sofrimento aéreo. Mas uma alma nova exige novos meios de condução. Conto com o seu abraço, o primeiro nesta minha nova experiência de vida. Triste experiência!

Um grande abraço do seu
Velho

Murilo

P.S. Estou escrevendo ao Fernando, mas como não sei o novo endereço dele, na tal casa de verão, pediria a você que lhe comunicasse minha viagem.[66]

Carta assinada: "Murilo"; datada: "Belo Horizonte, 19-2-49"; datiloscrito; autógrafo a tinta preta; rasuras e anotações a tinta preta na margem esquerda; 1 folha.

---

[65] Trata-se de um dos apelidos atribuídos a OLR por MR, mas também por Fernando Sabino, Hélio Pellegrino e Paulo Mendes Campos.

[66] Na margem esquerda da folha encontra-se a seguinte anotação manuscrita: "Um enorme abraço para o velho / Paulo, de quem espero o consolo de umas noites / alcoólicas, sem os estorvos da Medicina, que para nada / serve".

24 (MR) Belo Horizonte 23 de março de 1949

Otto,

A carta que vai junto, dirigida ao Fernando, é para você também. Basta tirar a referência aos filhos, atuais e futuros. Até escrever aos amigos, amigos que tanta falta me fazem, custa-me um diabólico sofrimento. Talvez, daqui por diante, passe a utilizar o recurso das cartas-circulares.

Espero que o meu apelo não seja esquecido. Transmita-o ao Paulo, ao seu eleitorado feminino. Desejo que me falem da existência do amor, de homens que foram tristes e ficaram alegres; de demônios que encontraram abertas as portas do céu e de anjos que não conseguiram entrar no inferno.

Não me abandonem, velhos amigos! A mensagem de vocês poderá evitar a transformação de um homem em árvore. Árvore sem flores.

Um grande e afetuoso abraço
Do

Murilo

Carta assinada: "Murilo"; datada: "B.H., 23-3-49"; datiloscrito; autógrafo a tinta azul; rasuras e a tinta preta; 1 folha.

Murilo e Otto, Rio de Janeiro, 17/04/1949.

25 (OLR)   Rio de Janeiro, 3 de abril de 1949

Meu caro Murilo:

Desde que cheguei daí, e lá já se vai um mês, tenho pensado sempre em você – e na minha dívida para com você. Tanto, que não lhe escrevo, como uma esquisita inibição, uma vergonha íntima talvez... Mas sei que você compreenderá, inclusive o meu silêncio aí, quando seu pai esteve à morte. Essas coisas acontecem comigo, infelizmente, e não fosse o seu grande coração, eu correria o risco de ser mal interpretado.

Bom Rubião, cá o tenho esperado, mas em vão. Teddy me disse que você vinha esta semana, mas não veio. E vem? Venha, sim, para matarmos as saudades. Fernando ainda na Gávea, retorna a [Copacabana] terça-feira. Helena Sabino [...] à espera. Paulo, indo para a Europa, sempre indo, mas aqui, cada vez mais aqui. E aí?

Não quero me estender. Entre outras coisas, estou gripadíssimo. Sei que não preciso de muitas palavras para você. E isto é bom. O velho abraço
do seu

Otto

Carta assinada: "Otto"; datada: "Rio, 3.IV.1949"; manuscrito; autógrafo a tinta preta; 1 folha.

POEMA
Murilo RUBIÃO

Se viajar, não voltarei mais.
Deixarei os ciprestes,
esquecerei os olhos azuis.
As crianças que brincaram,
que se consumiram no tempo,
ficarão sozinhas no meu coração.

Haverá um princípio de ternura,
uma saudade de folhas cortadas,
de recortes de jornais velhos.

Esconderei meu rosto na chuva —
os pés molhados, as uvas maduras,
os olhos muito abertos,
esperando lagrimas, sortilegios,
truques de saudade.
Saudade de um gato e de uma mulher.

Não voltarei mais, nem me esquecerei.
Os olhos de um gato, fim de estrada,
a mulher se decompondo num sorriso.

Fim de estrada, morte para quem viajou;
morte para os sinos das igrejas novas,
para os noivos que seguiram alegres.
Meu coração se encherá de crianças tristes,
de velhas estampas, de gestos humildes.

---

26 (MR)   Belo Horizonte, 12 de maio de 1949

Otto, noivo de Helena e amigo nosso:

Dentro de dez dias, isto é, no próximo dia 22, estarei gozando da sua vizinhança e puxando esquecidas angústias[67] (Espero que você não me tenha traído e contratado outro companheiro para o apartamento). Levarei comigo os meus

---

[67] MR se muda, ao fim de maio de 1949, para o Rio de Janeiro, onde irá trabalhar como Chefe do Serviço de Documentação da Comissão do Vale do São Francisco (CVSF), órgão criado para elaborar e garantir a execução do plano de aproveitamento das possibilidades econômicas do rio São Francisco. Durante sua estada carioca, irá residir com OLR, como veremos nas próximas cartas.

dicionários, alguns alfarrábios, várias dúzias de manuscritos
e aquele meu fracassado poema:

> Se viajar, não voltarei mais.
> Deixarei os ciprestes,
> esquecerei os olhos azuis.
> As crianças que brincaram,
> que se consumiram no tempo,
> ficarão sozinhas no meu coração.
>
> Haverá um princípio de ternura,
> uma saudade de folhas cortadas,
> de recortes de jornais velhos.
>
> Esconderei meu rosto na chuva –
> os pés molhados, as uvas maduras,
> os olhos muito abertos,
> esperando lágrimas, sortilégios,
> truques de saudade.
> Saudade de um gato, de uma mulher.
>
> Não voltarei mais, nem me esquecerei.
> Os olhos de um gato, fim de estrada,
> a mulher se decompondo num sorriso.
>
> Fim de estrada, morte para quem viajou;
> morte para os sinos das igrejas novas,
> para os noivos que seguiram alegres.
> Meu coração se encherá de crianças tristes,
> de velhas estampas, de gestos humildes.[68]

---

[68] Poema publicado originalmente com o título "Poema" no jornal *Folha de Minas*, de Belo Horizonte, em 7 jan. 1945. Trata-se de uma das duas incursões conhecidas de MR no campo da poesia, sendo a outra o poema "Ausência (poema)", publicado na revista *Tentativa*, n° 8, em novembro de 1939 – número que veio a ser o último do periódico do qual MR era um dos editores. Neste

O poema é horrível, mas é o único que tenho sobre viagens. Se você ainda me quiser para companheiro de quarto, peço avisar-me e, com a brevidade possível, enviar-me alguns conselhos com relação aos objetos domésticos que devo levar. As despesas deste mês e outras, dentro da nossa futura sociedade, já correm por minha conta, o que é lógico e justo.

Um grande abraço do seu velho

Murilo.

Carta assinada: "Murilo"; datada: "B.H., 12-5-49"; datiloscrito; autógrafo a tinta azul; rasuras e anotações a tinta na margem direita; 1 folha.

---

27 (OLR)   Rio de Janeiro, 16 de maio de 1949

Murilo:

Não receie tanto. A vida é nada e não há viagens (sobretudo quando se trata de Rio-B.Horizonte). Quer dizer que você vem mesmo da Montanha para esta grande e anônima Chantagem. Mais um profeta que deixa a sua terra... Já não sei, hoje em dia, se convém vir para o Rio. Sinceramente, sou incapaz de opinar nesse caso. Ando muito contra o Rio (apesar de gostar da cidade, de certo modo, e de certas coisas) e contra a ideia em geral de partir, de sair. Tudo me parece covardia, que cometemos com certa leviandade, buscando fugir, em última análise, do grande, do espantoso fantasma que nos morde os calcanhares: nós mesmos. Mas o cão não nos abandona e sua bocarra afiada continua triturando-nos a alma. Nos autodevoramos. Assim, lá e cá más fadas há. Mas, antes que me torne

---

mesmo número, MR colabora com o artigo "Mário de Andrade, Minas e os mineiros", elaborado por ocasião da visita de Mário a Belo Horizonte em 12 de novembro de 1939, quando o autor de *Macunaíma* pronunciou duas conferências, "O sequestro da Dona ausente" e "Música de feitiçaria no Brasil".

pessimista ou filósofo, o que é a mesma coisa, mudemos de assunto e falemos de coisas concretas. Você pode vir morar no meu apartamento, que cá está um quarto para você. Mas o quarto apenas, nu e pobre. Não disponho de apetrechos. Assim, você deve adquirir uma cama, uma mesa, uma cadeira, um guarda-roupa e a competente roupa de cama e banho. Durante os últimos cinco meses, reparti irmãmente o meu tugúrio com o Paulo, inclusive a escassa roupa de cama. Mas isto me custa penúrias que não convém prolongar, pois nos desgostaria a ambos. A casa é pobre, velho Rubião, pobríssima. Eu mesmo tenho de comprar agora um guarda-roupa, etc... Bem: você sabe que estimo a solidão, como dizem os poetas. Sei que você também a estima, esta austera senhora. Morando juntos, só temos que não perturbar as nossas respectivas solidões. Confesso a você, francamente, que não alimento especiais tendências para a coabitação,... Antes, sou assaz intolerante e ranzinza, o que me dificulta a partilha da casa com outro morador. No Rio, sempre preferi morar sozinho. Por circunstância, morei com Paula Lima[69] (que ia para Londres) e com Paulo[70] (que ia para Paris, e afinal, foi, uff). As duas experiências circunstanciais agravaram os meus sentimentos solitários, particularmente a do Paulo, que é dotado de assaz notável desmazelo e incúria doméstica, além de outros inconvenientes a mim desagradáveis. Todos nós temos a nossa terceira dimensão, a da casa, a íntima. Morando juntos, revela-se essa secreta dimensão e, frequentemente, a revelação provoca um indisfarçável afastamento. Sou dos que creem que um pequeno gesto pode

---

[69] Francisco Pontes de Paula Lima, ator, diretor, dramaturgo e professor de teatro, foi companheiro de OLR e Fernando Sabino na juventude. Foi um dos primeiros professores do Teatro Universitário da Universidade Federal de Minas Gerais. Também atuou como tradutor de importantes obras sobre o teatro moderno, como *A preparação do ator*, *A construção da personagem* e *A criação de um papel*, de Constantin Stanislavski.

[70] Paulo Mendes Campos, em 1949, esteve na Europa, tendo visitado Londres, Paris e algumas cidades da Itália em companhia dos amigos Cícero Dias, Rubem Navarro e Antônio da Costa.

comprometer uma relação, ou, pelo menos, provocar mal-estar. Ora, morando juntos, a oportunidade desses gestos é múltipla e – para exemplificar chãmente – o simples esquecimento de uma descarga d'água pode provocar uma catástrofe de mau humor e consequente retraimento. Por isso mesmo é que morar junto se torna uma tarefa áspera e dura, que tem de ser vencida com minuciosa paciência e espírito cristão, empregados a cada instante, alargando a nossa tolerância até um ponto de maior desenvoltura. Evidentemente, tudo isso se coloca num plano muito individual, e serei eu, com certeza, o complicado morador. Mas sou assim, meu caro Rubião. Ainda em casa, numa imensa família, quis morar sempre sozinho, num quarto separado, apesar de me dar muito bem com meus irmãos. Sou ranheta por natureza, tenho uma excelente memória visual, tenho uma desordem muito bem organizada, de maneira que qualquer intromissão me desgosta até o plano metafísico. A minha recente experiência sublinha tudo o que venho dizendo, com cordial franqueza. Meditei bastante sobre se seria conveniente admitir você para companheiro de Pitaguari,[71] baseado nas minhas naturais (e tantas vezes sufocadas a que custo) arestas e sensibilices. Creio que podemos morar juntos sem obstáculos. Você (não precisa agradecer) é um cavalheiro de trato, como dizem os anúncios, com boa educação e boa índole e não será dos que, sem respeito pelo próximo, se derrama no deboche, que é no que dá o avacalhamento íntimo da amizade. Por isso, creio que poderemos dividir o apartamento, sem perigo de incompatibilidades. Aqui você terá a sua vida de cidadão permanente (residente, quero dizer) e eu, a minha. Acho que poderemos conviver sem nos estraçalhar, o que não é muito comum. Mesmo marido e mulher (única sociedade que eu admito sob o mesmo teto, e assim mesmo com a benção

---

[71] Gentileza alterar o texto da nota para o seguinte: "Referência aos indígenas pitaguary (ou potiguar) mas, sobretudo, ao local em que residia o "Pajé" – o mais conhecido dos apelidos de OLR.

da Santa Madre Igreja) acabam, às vezes, tendo vontade de se matarem mutuamente, num ódio tão mesquinho quanto surdo. Você, que é entendedor dos escaninhos da alma, me entenderá no que aqui venho dizendo, meio à *la diable*,[72] mas creio que um fundo indubitável de verdade, não acha? Mas a conclusão é esta, e que poderemos morar sob este mesmo teto copacabânico, sem maiores complicações. Tenho eu o meu quarto, você o seu. A comoradia não implicará em acabrestamento de um ou de outro, evidentemente. Seremos dois cidadãos distintos num apartamento único e indivisível. Certo, a zona neutra merecerá de nós ambos um delicado acatamento e, no mais, viva o Brasil. Não tome a mal o que aqui vai, Murilo; antes, tome-o a bem, pois que assim m'o ditou o coração, que é onde, afinal, mergulham os bons pensamentos. E venha, que cá o espero, com o
   abraço amigo de sempre do velho

Otto

<u>Nota manuscrita de OLR</u>: "Aqui conversaremos pessoalmente, esclarecendo o que lhe possa parecer obscuro. Ah! Os gastos, creio que são a 1 conto para cada um de nós, conforme [ ] explicarei.

Carta assinada: "Otto"; datada: "Rio, 16 de maio de 1949"; datiloscrito; autógrafo a tinta preta; 2 folhas.

---

28 (OLR)   Rio de Janeiro, 19 de maio de 1949

VENHA A CASA É SUA COTO

Telegrama: "Coto" [assinatura a máquina]; impresso "DEPARTAMENTO DOS CORREIOS E TELÉGRAFOS – Telegrama"; carimbo. Postagem: "Rio, 19 maio 49; 11,19".

---

[72] Expressão francesa que significa agir de maneira desordenada.

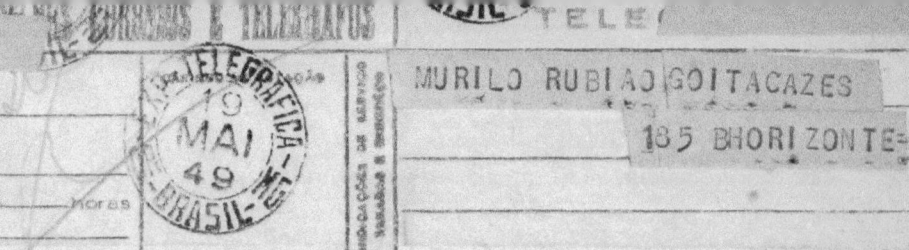

VENHA A CASA E SUA COTO

| 29 (MR) | Belo Horizonte 20 de maio de [1949] |

Velho Otto,

Gostei da sua franqueza e espero que ela nunca se ausente das nossas relações comuns. Sou um grande tímido e um atordoado pela desconfiança. Não desconfio dos outros, mas dos meus atos e palavras, principalmente quando não sei se, inadvertidamente, posso ferir meu semelhante. O pudor, aliado a uma imensa falta de confiança em mim mesmo, leva-me a piores agonias: nunca consigo saber o momento exato de aparecer e desaparecer (em se tratando de convivência humana, naturalmente). Daí o meu ar desajeitado ou essa aparência de cavalheirismo, acentuada por você na sua carta. A nossa sociedade será uma experiência e tenho a certeza de que, caso assim nos obrigue qualquer desajustamento de hábitos e temperamento, a desfaremos sem nenhum ressentimento. E mais amigos. Procurarei na medida da minha enorme franqueza, anular a decepção (confessada na sua carta), causada pelos seus anteriores companheiros de apartamento. Precisarei, para tanto, da sua ajuda e principalmente da sua franqueza, formulada sem rebuços e com todo o ardor de uma sólida amizade. Estou acostumado ao fracasso e a minha vida está marcada – duramente marcada – pelos insucessos. Sigo, nesta viagem, para novas experiências. Esgotei-me em Belo Horizonte e ignoro o que desejo do meu novo domicílio. Não pretendo encher as mãos nem enriquecer o coração. Vou alegre e saberei amar a saudade que, antecipadamente, estou sentindo dos meus vinte anos de rua dos Goitacazes (Já estou dizendo cousas sem sentido. É melhor terminar). Conversaremos mais tarde, aí no Rio. Viajarei nos últimos dias deste mês, quando completarei trinta e três anos de idade e vinte e quatro de residência em Belo Horizonte.

Um abraço muito afetuoso do seu velho

Murilo

Obrigado pelo seu / telegrama e mais um abraço do / seu / Murilo

Carta assinada: "Murilo"; datada: "Belo Horizonte, 20 de maio"; datiloscrito; autógrafo a tinta azul; rasuras; 1 folha.

| 30 (OLR) | RIO DE JANEIRO, 24 DE MAIO DE 1949 |

PITAGUARI VOS ESPERA VENHA SÁBADO ABRAS. = OTTO

Telegrama: "Coto" [assinatura a máquina]; impresso "DEPARTAMENTO DOS CORREIOS E TELÉGRAFOS – Telegrama"; carimbo apagado. Postagem: "Rio de Janeiro, 24 de maio 49; 12,30".

31 (OLR) [Rio de Janeiro], 12 de junho de 1949

Corrupião:[73]

Você não / telefonou mais / ontem! Amo/res?...

Apareça, hoje.
Telef. Chez / Helena P.

PerericoSobri - /nho [74]

Bilhete assinado: "Pererico Sobrinho"; datado: "[Rio de Janeiro] 12.VI.49"; autógrafo a tinta preta; 1 folha.

32 (OLR) [Rio de Janeiro], 25 de junho de 1949

Rubião Murilo: Che/guei tardíssimo (4hs.), / estou arrependido: mais / vale sempre dormir... / Por isso, só me levantarei / em última instância, / o mais tarde possível. / Se você puder, compre-/me os jornais, por favor.

E fico-lhe grato, por / mais isto.
Ex corde[75]

O.

Bilhete assinado "O."; datado: [Rio de Janeiro] 25.VI.49; autógrafo a tinta preta; impresso: "Senado Federal"; 1 folha.

---

[73] Um dos apelidos atribuídos a MR por OLR.
[74] Como se verá adiante, na carta de número 36, OLR trata MR por Pererico, e, pelo que se pode deduzir, MR chamava OLR de Pererico Sobrinho. Cabe dizer, ainda, que Pererico é o nome do protagonista do conto de MR "A fila", publicado no volume *O convidado* (1974).
[75] Expressão latina que significa "de coração", empregada no fecho de cartas dirigidas a pessoas íntimas.

33 (OLR) [Rio de Janeiro], 21 de julho de 1949

Corrupião:

O Fernandinho Meleca[76] pediu-me que me encarregasse de lhe transmitir um recado, que aqui estou a lhe dizer, esperando que você o leia antes de partir amanhã pela manhã, pois se trata exatamente de seu programa matinal de amanhã, 22, que ele, Fernandinho Meleca, me disse que é ir à casa dele. Por falar na casa dele, o negócio é exatamente isto, que amanhã cedo, às dez horas, ele estará ocu(desculpe!)pado e, portanto, telefonará a você, na Comissão pois tem que ir ao médico, *et coetera*, levando Leonorinha e outras senhoritas. É o que lhe digo, em obediência ao que foi pedido.

Otto

Bilhete assinado "Otto"; datado: "[Rio de Janeiro], 21.VII.1949"; autógrafo a tinta preta; 1 folha.

34 (OLR) [Rio de Janeiro, s.d.]

Rubião:

Palavra de ordem: de pé, pela Pátria, às 7 horas! Eu o chamarei.

O.

Bilhete assinado "O."; [Rio de Janeiro, s.d.]; autógrafo a tinta preta; 1 folha.

---

[76] Apelido de Fernando Sabino.

35 (OLR)   [Rio de Janeiro, s.d.]

Corrupião:

Não conseguiremos mudar ao romper da aurora, tal como era o nosso intento.

Logo depois, porém, que o sol se levantar no horizonte, às 8 horas da manhã, aqui estará o emissário de S. Excia. o Gato Preto, não o de Edgar Poe,[77] mas o do Guarda-Móveis, que, em casos assim, costuma ser mais eficiente, dispondo de apetrechos e caminhões adrede. Creio que não ficará tão caro quanto desejariam nossos inimigos, mas, assim mesmo, é de esfolar a qualquer pobre como eu!

Seu *ex corde,*

O.

Bilhete assinado "O."; datado: "[Rio de Janeiro, s.d.]; datiloscrito a tinta preta; 1 folha.

---

[77] Referência ao conto "O gato preto", do poeta, crítico, novelista e contista do romantismo norte-americano Edgar Allan Poe (1809-1849). MR escreveu uma narrativa intitulada "As mulheres e os gatos pretos", versão incompleta do conto intitulado "Os gatos pretos e a eternidade", que não chegou a ser publicado pelo autor. Não há registro dessa narrativa no arquivo de MR, mas há uma cópia desse texto na Coleção Hélio Pellegrino, alocada no Arquivo-Museu de Literatura Brasileira da Fundação Casa de Rui Barbosa, no Rio de Janeiro.

36 (OLR) [Rio de Janeiro, s.d.]

Pererico:

Quero me levantar às 8h45.
Please, providencie o relógio, se você já não estiver. E lhe telefono para o Leito-Comissão.
[ ]

Bilhete assinado "[?]";[Rio de Janeiro, s.d.]; autógrafo a tinta preta; papel timbrado "Senado Federal"; 1 folha.

---

37 (OLR) [Rio de Janeiro, s.d.]

Pererico:

Levante-se à hora em que se levantar, você está intimado a me chamar!
Não saia como um gato. Também quero partir cedo.

Pererico Sobº

Bilhete assinado "<u>Pererico Sobº</u>"; [Rio de Janeiro, s.d.]; autógrafo a tinta preta; papel branco timbrado "Senado Federal"; 1 folha

---

38 (OLR) [Rio de Janeiro, s.d.]

Rúbio:

Estou pronto para o café às 9 horas. Você também? Pois toque a alvorada!

<u>O.</u>

Bilhete assinado "<u>O.</u>"; [Rio de Janeiro, s.d.]; autógrafo a tinta preta; papel branco timbrado "Senado Federal"; 1 folha.

39 (OLR) [Rio de Janeiro, s.d.]

Murilo:

Estive aqui com o Reis, pra ver o que [há]. Ele o procurará depois.

Otto

Bilhete assinado "Otto"; [Rio de Janeiro, s.d.]; autógrafo a tinta preta; 1 folha.

---

40 (OLR) [Rio de Janeiro, s.d.]

(Pelo Correio da Pia, que aliás está vazando...)

Rubião Murilo:

Se você pode me fazer um especial obséquio, aliás dois, é o seguinte: o eletricista ficou de vir às 9 horas. Caso você saia antes, passar na Casa Mirassol, ali onde adquirimos nossos apetrechos cafetícios, e pedir para que o homem venha mais tarde, suponhamos às 10h15. Mas se o homem chegar enquanto você estiver aqui, então peça-lhe apenas para verificar o caso da lâmpada da entrada, e acho que tem também a da área do tanque.

O segundo obséquio (incomensurável) é comprar, para mim, o *O Jornal*, *Diário de Notícias* e *Carioca* e *Correio da Manhã*, fazendo-os subir pelo porteiro, pois à hora em que eu descer certamente já não haverá os matutinos, e é preciso conhecer o andamento do mundo, do contrário babau! Aliás, quero pedir ao porteiro para comprar diariamente esses jornais, e sei que ele faz isso para outros apartamentos, segundo me disse o jornaleiro. Trata-se de perguntar-lhe, ao porteiro, como é, como se paga, etc., a fim de que nosso tugúrio disponha de mais esse conforto matinal.

Rubião Pererico: acho que pedi demais, não? Se sua generosidade não está abalada, atenda este seu vizinho que se subscreve

Amº Sonolento Cansº Obrº [78]

OLR

Bilhete assinado "OLR"; [Rio, 1949]; datiloscrito a tinta preta; 1 folha.

---

[78] Abreviações de "Amigo Sonolento Cansado Obrigado".

41 (MR) [RIO DE JANEIRO, 1950]

Velho Otto:

Já estou sentindo, antecipadamente, saudades do nosso humilde lar.

Não atrapalharei o seu sono – de homem manso e justo – porque não aguentaria uma despedida (o meu coração é fraco).

Abraços para Helena florido pinheiral e [para] [você]
do seu velho

Murilo

Bilhete assinado "Murilo"; [Rio de Janeiro, 1950]; autógrafo a tinta preta; 1 folha.

---

42 (MR) [RIO DE JANEIRO, 1950]

Otto,

Eis a minha última oferenda – oitenta centavos. Com eles, deveria ter visitado algum recanto do Rio, que jamais conhecerei. O bonde seria o veículo. Não o fiz e a minha tristeza não se tornou maior. Deixo o passeio para você, que conseguiu a companheira ideal (Sair sozinho é começar melancolias inúteis).

Ainda há o capítulo das desculpas, demasiado longo para este bilhete.

Não fui bom companheiro, meu querido amigo. É que andava namorando a solidão e, tolamente, fugindo a qualquer dependência. Nem por isso, volto mais rico, se bem que mais experiente.

Meu grande abraço do seu fiel amigo

Murilo.

Bilhete assinado: "Murilo"; [Rio de Janeiro, 1950]; autógrafo a tinta preta; 1 folha.

43 (MR)   Belo Horizonte, 30 de março de 1950

Velho Otto,

Não pense em possíveis ingratidões, que elas não existem. Toda mudança envolve ambientação nova, novos compromissos. E sendo retorno,[79] temos que reatar velhos amores, reajustar nossa máquina bélica para outros empreendimentos sentimentais.

Não foi o que fiz. Deixei-me embalar por essa inefável monotonia belorizontina, que pode irritar os menos avisados, mas que tanto bem me faz agora. Aqui, velho Otto, plantarei as minhas últimas palmeiras.

Tenho ouvido queixas contra a cidade e a respeito da impossibilidade de se encontrar os amigos. Em verdade, vejo-os pouco, o que não me entristece nem aumenta a solidão minha. Ver não é tudo. É preciso amar. E de amor ando cheio. Amo a minha rua, o meu quarto, a cidade, os livros, a música que não ouço, até o meu semelhante (Não falo nas mulheres, porque este é um dever cívico).

Confesso que saudades não me atormentam, nem me sinto culpado por essa lacuna. Sentimos saudade da última mulher, enquanto não encontramos nova. Quanto aos amigos, tenho-os presentes, recusando-me a qualquer sugestão de distância.

Já comecei a trabalhar nos meus contos e novas soluções encontrei para o "Coelho".[80] Ele não morrerá. Após a sua trans-

---

[79] OLR fornece uma versão sobre o motivo do retorno de MR a Belo Horizonte na crônica "Seus amigos e seus bichos", publicada 20/09/1991 como homenagem a MR, falecido em 16/09/1991. De acordo com o autor de O braço direito, "Quando o senhorio foi eleito governador de Minas em 1950, levou-o [MR] de volta. Sim, o JK". No arquivo de MR há uma reportagem de Affonso Ávila, "Um escritor na arena política", de 16/09/1955, que acrescenta dados que esclarecem os motivos do retorno. No texto, Ávila menciona que "[Foi] a Murilo Rubião que o político diamantinense confiou sua campanha de publicidade quando candidato ao governo do Estado".

[80] Trata-se do conto "Teleco, o coelhinho". MR irá trabalhar durante muitos anos no conto até publicá-lo pela primeira vez em Os dragões e outros contos

formação em homem, entregue à sua própria sorte, retornará sob a sua forma de animal. Mas, para os meus olhos, voltou diferente. Não o vejo com a mesma ternura e pressinto nele gravíssimos defeitos humanos. Melancólico, fujo de casa, abandono-o (Um dia, terei notícias dele. Contam-me que ele se casou. Por falta de curiosidade, não ficarei sabendo se sob a pele de homem ou animal. A essa altura, já terei perdido qualquer interesse pela sorte dos homens e animais). O que está entre parênteses não faz parte da história, trata-se de simples informação.

Abraços para você, Helena, dr. Israel e família,
do seu amigo

Murilo.

P.S. Desejo algumas informações sobre a temperatura. Motivo: escolha de indumentária para os seus esponsais.

Carta assinada: "Murilo"; datada: "B.H., 30/3/50"; datiloscrito; autógrafo a tinta preta; rasuras a tinta preta; 2 folhas.

| 44 (OLR) | Rio de Janeiro, 4 de abril de 1950 |

Murilo: Recebi ontem, via Fernando, a sua carta. Já lhe iria enviar uma carta, resposta um tanto ao bilhete que você aqui deixou. Iria, mas não vou; e você me desculpe, porque ando na lufa-lufa de todo dia, agravada com probleminhas da hora. Por isso, vai apenas este aviso, com o meu abraço e a minha certeza de que você aqui estará no dia 14. Você pergunta pelo tempo: hoje está frio, mas creio que abril é ainda um mês intermediário, permitindo um tropical escuro.

(1965). Como se poderá ler adiante, na carta 62, de 17/09/1957, OLR faz menção a ter lido um (dos vários, provavelmente) plano do conto, que já conhecia da época em que residiram juntos, no Rio, em 1949.

Peço-lhe que passe aos amigos o nosso convite.[81] Se se lembrar de algum nome que eu tenha esquecido, queira enviar-me uma palavrinha, para suprir a lacuna. A remessa de convites foi feita sem método, atabalhoadamente. Provavelmente, terei esquecido alguém. Aguardo, por isso, a colaboração de vocês. A resposta à sua carta, tão sua e tão belorizontina, irá depois, quando houver jeito para ruminar. Agora, vai apenas o meu abraço saudoso de ex-habitante-do-mesmo-teto (ou de debaixo do mesmo teto...)

O.

Rua Artur Araripe, 63, aptº 201, Gávea.

Bilhete com duas assinaturas: "O." e "Otto"; datado: "Rio, 4 de abril de 1950"; datiloscrito; autógrafo a tinta preta; cartão branco, timbrado com o brasão da República e os seguintes dizeres: "PREFEITURA DO DISTRITO FEDERAL / SECRETARIA GERAL DE FINANÇAS / GABINETE DO SECRETÁRIO GERAL."

| 45 (OLR) | RIO DE JANEIRO, 28 DE ABRIL DE 1950 |

Murilo:[82]

Recebi, ontem, sua carta, lembrando-me o dever cívico do imposto. Na Prefeitura, somos obrigados à declaração, para que se possa receber o ordenado de maio. De sorte que, munido de técnico competente, já cumpri o dever. Ocorre-me, porém, que não anotei o recebimento de aluguéis de você, que sua carta alude. Terá importância? Se for possível modificar,

---

[81] Pelo contexto, o convite mencionado parece se tratar do casamento de OLR com Helena Uchôa Pinheiro, ocorrido em 14/05/1950 na igreja do Mosteiro de São Bento, no Rio de Janeiro.

[82] Anotação manuscrita na margem superior do cartão, antes da saudação: "Recebi a conta do telefone. Você não me / deve nada. [E] eu não lhe deveria acaso?...".

modificarei. Caso contrário, fica como está. De qualquer forma, não o prejudico – e isto é o que importa. Muito obrigado. E, por ora, aceito só o abraço amigo do sempre seu

Otto

*Bilhete assinado: "Otto"; datado: "Rio, 28.IV.50"; autógrafo a tinta preta; cartão de visita; o cartão apresenta os seguintes dizeres impressos: "*OTTO LARA RESENDE *ature / Rua Artur Araripe, 63 – apto. 201"; o nome Otto Lara Resende se apresenta riscado.*

---

46 (MR)   BELO HORIZONTE, 23 DE JUNHO DE 1950

Querido Otto,

Por diversas vezes, nos dois últimos meses, sentei na máquina para lhe escrever. Como nada tivesse de importante para contar, senão tristezas de dromedário longe do deserto, aproveitava o papel para reescrever contos. E neles venho trabalhando, gastando paciência e odiando as palavras, que nunca saberei empregar bem e que me roubam a emoção destinada aos personagens. O pior é que eu sinto estar fazendo pura autobiografia. Sei que fiz a mesma coisa no <u>Mágico</u>. Mas, naquele tempo, possuía uma solidão autêntica, alguns predicados de mago e sabia, nos grandes momentos, soltar estilhaços. Hoje, sou apenas um ex-mágico. Melhor: sou funcionário público.

A essa altura, e com muita razão, você estará perguntando: "E Belo Horizonte, e os amigos?".

Pode fazer outras perguntas, velho Otto, que não tenho resposta para nenhuma, nem ao menos posso afirmar que me desinteressei pela vida, pois agora o meu desinteresse maior é pelo próprio desinteresse das coisas. Já não penso em fugir, porque me provaram que a Terra é redonda e o homem habita todas as suas partes. Mundo torvo!

Estou chegando ao tempo em que terei que imitar meus personagens.

Manoel, que nasceu ali, no esgoto[83] da Feira de Amostras, não será coagido a voltar ao ventre materno. Voltará espontaneamente, quando sentir que traiu o amigo, aquele que o descobriu e foi seu pai adotivo. Descerá ao esgoto sabendo que a traição é imposta aos homens. "Mundo torvo!", exclamará, antes de desaparecer.

O seu companheiro, vendo no desaparecimento do amigo um empecilho a menos para reconquistar a amante, sentirá o alívio dos combatentes que se sagram vencedores pela desistência do adversário. Mais tarde verificará que o amor daquela mulher não valia a presença de Manuel. Sairá à procura dele, esquadrinhando esgotos.

Enquanto isso, continuamos traindo, entregando nossa alma à voracidade da vida. O revólver fica na gaveta. Não se destina à nossa cabeça, mas ao nosso semelhante, quando tivermos que disputar as batatas.[84]

Um abraço muito afetuoso para você e Helena
do velho amigo

Murilo

Carta assinada: "Murilo"; datada: B.H., 23/6/50; datiloscrito; autógrafo a tinta preta; rasuras e anotações a tinta preta; 2 folhas.

---

47 (OLR)   RIO DE JANEIRO, 2 DE AGOSTO DE 1950

Meu caro Murilo:

Há já muito tempo, recebi uma carta sua, a que estou devendo resposta, sempre adiada. Mas não é dessa omissão

---

[83] No Acervo Murilo Rubião, alocado no Acervo de Escritores Mineiros, sediado na UFMG, encontra-se um conjunto de 75 folhas da novela "O esgoto (Manoel)", elaborada entre os anos de 1944 e 1950. Esse texto figura entre as várias narrativas inéditas e inconclusas de MR.

[84] Referência à frase "Ao vencido, ódio ou compaixão; ao vencedor, as batatas", dita pelo personagem Quincas Borba no romance homônimo de Machado de Assis.

que lhe quero falar agora; é de outra. Estive aí, como você sabe, domingo passado, mas muito apressadamente. Por isso e trabalhando contra mim as circunstâncias, não o encontrei. Quando você telefonou, eu estava no banho. Logo em seguida, o Hélio[85] – que leva sobre você a vantagem de ser motorizado – passou lá em casa, arrastando-nos (Castello[86] e eu) para a Pampulha, onde topamos os próceres. De volta, fui ao batizado de um meu sobrinho e só desci à cidade à noite, com você disperso na convenção, e dali para o Pinguim, onde pude ver alguns apressados rapazes de Belo Horizonte. Afinal, Castello e eu, entregues à madrugadinha fria, conversamos tranquilamente até a hora em que saiu o trem – cansada viagem! Cá estou de novo, reintegrado na vida de sempre, com um dia (hoje) nublado e feio, pano de fundo para a chegada do corpo do Salgado Filho.[87] No Rio, não encontrei novidades. A única continua sendo a da saída de "Literária",[88] em franco andamento. O mais é aquilo que você conhece. Escreve e receba o grande abraço do

Otto

Carta assinada: "Otto"; datada: "Rio, 2 de agosto de 1950"; datiloscrito; autógrafo a tinta azul; papel timbrado om o brasão da República e os seguintes dizeres: "SENADO FEDERAL"; 1 folha.

---

[85] Hélio Pellegrino.

[86] O escritor e jornalista Carlos Castello Branco (1920-1993). "Castelinho" fez parte da turma de MR na Faculdade de Direito, em Belo Horizonte, quando conhece também OLR e Sabino.

[87] Referência à morte do magistrado e político Joaquim Pedro Salgado Filho (1888-1950).

[88] Parece tratar-se de um projeto de publicação idealizado por Fernando Sabino, Paulo Mendes Campos e OLR que não chegou a ser realizado. Na crônica "História de uma revista", no livro *A inglesa deslumbrada*, Sabino relata pormenores desse projeto editorial malogrado.

48 (MR) Belo Horizonte, dezembro de 1950

Otto,

O portador desta é o meu amigo Harry, um dos nossos mais dedicados e eficientes companheiros na última campanha eleitoral.[89] Ele ambiciona conseguir emprego no Rio, coisa que não será fácil, pesar dos seus méritos pessoais e das modestas pretensões, pois não deseja colocações em autarquias ou repartições públicas.

Para que o meu apresentado atinja o objetivo da viagem que ora empreende, pediria a sua generosa ajuda. Além de ter trabalhado em jornal (no *Estado de Minas*), o Harry tem larga prática de serviços de escritório e é pessoa que merece inteira confiança.

O Castello – no *Diário Carioca* – e o Fernando (junto ao Vinícius Valadares) poderiam ser úteis ao nosso amigo. Peço transmitir a eles o meu pedido.

Certo de que você não faltará ao meu apelo, envio-lhe um grande e saudoso abraço

Murilo

Carta assinada: "Murilo"; datada: "B.H., [s.d.] dez. de 50"; autógrafo a tinta preta; papel branco; 2 folhas.

49 (OLR) Rio de Janeiro, 31 de dezembro de 1950

Meu caro Murilo:

Você está mudo, o que houve? Recebi sua carta, outro dia, apresentando o jovem Harry. No "D.C." [*Diário Carioca*],

---

[89] Provavelmente se trata da campanha em que Juscelino Kubitschek foi eleito Governador de Minas Gerais, pois seu mandato se estendeu de janeiro de 1951 a março de 1955.

as coisas não andam muito boas. Despediram, recentemente, dez redatores. Perguntei sobre a possibilidade de um lugar no escritório – gerência –, mas as perspectivas não são das melhores. Afinal, o jovem deve ter falado ao Vinícius Valadares, a quem o apresentou o Fernando.

Estas rápidas linhas pretendem apenas levar-lhe os meus votos de felicidade no próximo ano. Espero que o seu Natal tenha sido excelente, longe de qualquer sombra, ou mesmo penumbra. Já nem falo em tristezas, que ouço dizer você já superou esplendidamente.

Imagine você: há dias, apareceu em casa do dr. Israel um rapaz dizendo-se seu irmão e levava uma carta apócrifa assinada por você. Pedia dinheiro, claro. Aqui vai a sua falsa carta, para que você se revolte inclusive contra os erros de português que ele lhe quis atribuir. O Israel estava na Europa, e por isso não foi mordido. O João Virgílio aconselhou o modesto chantagista a vir falar comigo, mas o homem não veio. Descreveram-no, os que o viram, como um tipo de aproximadamente 30 anos, louro, olhos claros, estatura mediana, corpo mais ou menos cheio. Tudo isto, está claro, só lhe mando a título de curiosidade. É muito comum essa sem-vergonhice aqui no Rio, você sabe.

Datilografei, finalmente, grande parte dos contos. Espero uma oportunidade para que você os leia. Não sei quando serão livro, se serão. "O lado humano",[90] por enquanto. Título de um conto. Trabalhei rijamente, como você pode calcular. Já o leram o Fernando, o Paulo, o Castelo e o Drummond.[91]

O Rio como sempre. Aqui em casa, tudo na ordem do costume. Helena passando bem, felizmente. Em maio serei pai. Belo mês, feio pai.

---

[90] *O lado humano* foi publicado em 1952. Na folha de rosto do exemplar oferecido a MR, encontra-se a seguinte dedicatória: "com o abraço / do / Otto Lara / Rio 52".

[91] Fernando Sabino, Paulo Mendes Campos, Carlos Castello Branco e Carlos Drummond de Andrade, respectivamente.

Aceite o nosso melhor abraço de Ano Novo.

O.

Carta assinada: "O."; datada: "Rio, 31 de dezembro de 1950"; datiloscrito; autógrafo a tinta preta; 1 folha.

---

50 (OLR) RIO DE JANEIRO, 14 DE FEVEREIRO DE 1951

Meu caro Murilo:

Mal você volta ao governo,[92] cá estou eu para chateá-lo. Desculpe. Mas o caso é importante e urgente. O meu irmão Geraldo,[93] que o está procurando, foi nomeado nos últimos dias do governo Milton Campos, para um lugar melhor do que o que já tinha anteriormente, no Estado. Dada a sua situação de antigo funcionário, estou certo que ele não é um dos chamados "herdeiros", a que os jornais se referem... O Geraldo está estudando Direito e pode desempenhar perfeitamente o lugar que lhe coube por nomeação e no qual ainda não se empossou. Além do mais, a melhoria significa muito para ele, que já se mantém economicamente, custeando inclusive os próprios estudos. Parece que há agora qualquer ameaça pesando sobre o caso – e isto é um desastre, na hipótese em que se confirme. Mesmo porque estaria arriscado de ficar sem o novo lugar e o antigo, uma vez que a vaga que ele deixou foi imediatamente preenchida. Eis por que estou lhe escrevendo. Para pedir-lhe o seu maior interesse no caso, sugerindo providências, se couber providências. Ele lhe explicará pessoalmente a situação e estou certo de que você será um bom advogado junto ao Governador.

---

[92] No arquivo de MR consta a carta de sua nomeação para o cargo de Oficial de Gabinete de Juscelino Kubitschek, ocorrida em 3 de fevereiro de 1951, quando este sucede a Milton Campos no Governo do Estado de Minas Gerais.

[93] O advogado Geraldo Lara Resende.

Muito grato lhe fico. E nem lhe falo de sua boa vontade, porque isto já é um lugar-comum. Um grande abraço do amigo

<u>Otto</u>

Carta assinada: "Murilo"; datada: "Rio, 14 de fevereiro de 1951"; datiloscrito; autógrafo a tinta preta; apresenta grifos feitos com tinta azul; 1 folha.

Juscelino Kubitschek, Murilo Rubião (à direita de JK, de quem era Chefe de Gabinete) e outros em solenidade do Governo de Minas Gerais. Belo Horizonte, 1951.

51 (OLR)   Rio de Janeiro, 27 de fevereiro de 1951

PECOLHE [SIC] ENCARECIDAMENTE OLHAR CASO MEU IR-
MÃOS [SIC] / GERALDO ABRS OTTO

Telegrama: "OTTO" [assinatura a máquina]; impresso "DEPARTAMENTO DOS CORREIOS E TELÉGRAFOS – Telegrama"; carimbo apagado. Postagem: "Rio, 27 fev. 51".

52 (OLR)   Rio de Janeiro, 27 de abril de 1951

Meu caro Murilo:

Escrevi a você, anteontem, para lhe dar a boa nova do nascimento de meu filho.[94] Hoje, não vai aqui nenhuma notícia desse teor. Vão, antes, duas chateações. Primeiro, a mesma cantilena referente ao caso de meu irmão Geraldo. Recebi dele uma carta, ontem, dando informações a respeito, inclusive a atenção que tem recebido generosamente de você. Gostaria de ter uma palavra a respeito e de saber se conviria mandar uma carta pessoal ao Governador.

Outro assunto é o seguinte: você conhece, claro, os Hipocampos,[95] Geir Campos[96] e Thiago de Melo,[97] dois excelentes rapazes que acreditam ainda (!) vorazmente na literatura, que respiram e transpiram literatura. Pois bem. Os dois

---

[94] André Pinheiro de Lara Resende, nascido a 24/04/1951.
[95] Sobre a Editora Hipocampo e o livro *A estrela vermelha*, ver carta 10, nota 33.
[96] Geir Nuffer Campos (1924–1999). Poeta, contista, jornalista, professor universitário e tradutor, pertenceu à Geração de 1945. Colaborou com o *Diário Carioca*, *Correio da Manhã*, *Diário de Notícias* e *Última Hora*, além de numerosas revistas. Autor de extensa obra poética e dramatúrgica, escreveu também ensaios, publicou artigos em revistas científicas e é autor de quatro obras de referência sobre literatura e, principalmente, sobre tradução.
[97] Amadeu Thiago de Mello (1926). Poeta amazonense, exilou-se em vários países após o golpe militar de 1964. Sua poesia reflete seu compromisso político e sua preocupação com a região amazônica.

editores-poetas estão muito interessados em ir a Minas, para um *tête-à-tête* com o pessoal belorizontino. Receberam agora um livro da Henriqueta,[98] que vão editar. Nos planos deles, incluem-se ainda um livro do Paulo (Mendes Campos),[99] outro do Fernando (Sabino)[100] e outros mais, que não cabe enumerar. Aí em Belo Horizonte, poderiam entender-se com alguns possíveis subscritores e veriam certo campo de ação que lhes interessa conhecer, além da visita, sempre desejável, à terra mineira. Sei da inegável inclinação "mecenal" do Juscelino, que, de resto, ao que me disseram, já conhece os trabalhos Hipocampo, tendo visto o livrinho do Carlos (Drummond).[101] Por isso, dispus-me a servir de intermediário (cônsul) entre eles – Geir e Thiago – e o Governo mineiro, para conseguir-lhe passagem até Bhte e, sendo possível, hospedagem aí. Evidentemente, você (sem segundas intenções: viu a citação de seu nome, pelo Geir, no *Correio*?) é a pessoa indicada para resolver o caso. Aguardo resposta sua, confiante de que será afirmativa, para não decepcionar o matinal coração dos dois poetas. Minas pode e deve fazer essas pequenezas por alguma coisa que ainda vale a pena. Você me mandaria um rádio, até a semana que vem, feito? Os rapazes desejam estar aí pela segunda quinzena de maio. É possível (não provável) que eu vá com eles, mas isto são outros quinhentos mil réis e, como sou pobre soberbo (mineiro) não quero nada do Governo. Esperando as suas boas ações, fica aqui o grande abraço do

Otto

Um abraço especial pela sua condução à chefia do Gabinete. É efetiva? Assim seja...

---

[98] O livro de Henriqueta Lisboa editado pela Hipocampo foi *Madrinha lua* (1952).

[99] Pela Hipocampo Paulo Mendes Campos publicou seu primeiro livro, *A palavra escrita* (1951).

[100] Dos vinte autores editados pela Hipocampo entre 1951 e 1953, não consta Fernando Sabino.

[101] O primeiro livro editado pela Hipocampo foi o poema "A mesa" (1951), de Drummond, posteriormente incluído em *Claro enigma* (1951).

Helena continua passando bem e o garotinho, uma flor. Como vai sua literatura? Dê notícias, homem noturno!

A partir de hoje, não estou mais no gabinete da Secretaria de Finanças. Use meu endereço particular.

Carta assinada: "Otto"; datada: "Rio, 27 de abril de 1951"; datiloscrito; autógrafo a tinta preta; 1 folha. No verso da folha encontra-se a seguinte anotação manuscrita, feita por MR: "Lucas: / Ok. Oswaldo Alves/ Procurar Geraldo / Mascarenhas / se [?dar] no / Rio".

---

53 (OLR)   RIO DE JANEIRO, 11 DE MAIO DE 1951

Murilo:

No dia 25 de abril, mandei a você um cartão comunicando o nascimento de André: recebeu? (Suspeito que o contínuo a quem pedi para levar as cartas – eram 7 – ao Correio não as tenha posto). Dois ou três dias depois, escrevi-lhe sobre a possibilidade da ida aí do Geir Campos e do Thiago de Mello: recebeu? (Dessa vez eu mesmo pus a carta no Correio). Desculpe a chateação: mas que notícia me dá do caso de meu irmão Geraldo? Sei que você anda muito ocupado, em grande agitação administrativa. Mas gostaria de ter uma palavra sua, rápida que seja. Afinal um rádio não custa tanto assim, Rubião!

Aqui, tudo como sempre. Abraços do

Otto

Carta assinada: "Otto"; datada: "Rio, 27 de abril de 1951"; datiloscrito; autógrafo a tinta preta; 1 folha.

---

54 (OLR)   [BELO HORIZONTE, 1951]

<u>Otto Lara Resende</u> sugere enviar passes para <u>Jair Campos</u> [sic] e <u>Tiago de Melo</u> [sic], diretores da Editora Hipocampo.

Desejam entrar em contato com intelectuais mineiros. Poderemos fornecer estadia também?

Bilhete não assinado; sem data; datiloscrito a tinta preta com grifos em vermelho [nome de OLR] e azul [nomes de Geir Campos e Thiago de Melo]; papel timbrado com o brasão do Estado de Minas Gerais e os seguintes dizeres: "Gabinete do Governador do Estado de Minas Gerais / Belo Horizonte, de-- / de-- 19--"; 1 folha. Após o fim da mensagem, encontra-se a seguinte anotação manuscrita, feita a tinta preta por MR: "Fornecer passes".

---

55 (OLR)　　　　　　　　Rio de Janeiro, 14 de julho de 1951

Murilo amigo:

Você deve estar recebendo verdadeira <u>avalanche</u> de recados meus... Agora, não lhe venho repetir, mas partir para outro setor, do qual já lhe falei outra vez, lembra-se? Trata-se do caso do Vidigal, que crê, piamente, na importância que você dar a [...] partidas de mim... Pois bem, Murilo, trata-se de dar um empurrãozinho no negócio do <u>Rio</u>, prestigiando-o como lhe (a ele) convir e ao Estado!

Fico esperando resposta sua. Recebeu Geir e Thiago? Ainda não os vi de volta.

...Pra não perder o hábito: meu irmão tomou posse?

Desculpe as chateações e um grande abraço do

　　　　　　　　　　　　　　　　　　　Otto

– Já sabia que voltei ao <u>Globo</u>?[102]

Carta assinada: "Otto"; datada: "Rio, 14 de julho de 1951"; autógrafo a tinta preta; 1 folha.

---

[102] Sabe-se que OLR, nesse período de sua vida, colaborou em diversos jornais cariocas, como *Jornal do Brasil*, *Última hora*, *Correio da Manhã*. Contudo, afora o fato de ter trabalhado n'*O Globo* entre 1977 e 1991, não foi possível precisar o tempo da colaboração de OLR durante a década de 1950.

56 (OLR) Rio de Janeiro, 26 de julho de 1951

Murilo:

O Geraldo acaba de me enviar uma carta amargurada, sobre o mesmo sempiterno caso dele, o da posse intangível. Acredito, porém, que não estejamos vivendo um caso kafkiano e, por isso, volto a amolar você com essa história. Você há de entender que não posso ficar indiferente aos apelos dramáticos do Geraldo, que precisa do emprego. Já nomeei você advogado *ex officio*[103] para a questão...

O que ocorre agora é o seguinte: de acordo com o recorte que ele me manda e que vai junto a esta, o Governador teria nomeado outro para o mesmo lugar! É assim mesmo? Espero que exista, em tudo, um equívoco, pois estou lembrado das razões governamentais para sustar a posse dos nomeados pelo governo passado, ao apagar das luzes: economia para os cofres públicos, etc. Havia, ao mesmo tempo, a promessa oficial de formar-se uma comissão que estudasse caso por caso, para evitar as possíveis injustiças. Nesse exame, o Geraldo esperava ser, justamente, empossado, pois é funcionário antigo do Estado e a sua nomeação correspondia, digamos, a uma promoção.

Fico aguardando uma palavra esclarecedora sua, para tranquilizar o Geraldo. Poderia, de minha parte, buscar, como cunha, uma ou outra carta de político, para o Governador. Você e ele próprio sabem, porém, que essas cartas seriam obtidas facilmente e não viriam aumentar o interesse que o caso haja despertado da parte do governo mineiro... Por isso aqui estou, apelando para você, a descoberto.

---

[103] Expressão latina que significa "de ofício". De acordo com o Dicionário Houaiss, o termo é empregado quando diz-se "do ato realizado por imperativo legal ou em razão do cargo ou da função exercidas" por alguém.

Há esperança de vir a empossar-se o Geraldo? É o que lhe peço verificar com certo carinho. Acredito na boa vontade do Governador, que não é homem de picuinhas políticas: é ou não é?

De minha parte, fico aguardando uma oportunidade de servi-lo, no campo humilde em que eu aqui trabalho.

Desculpe a amolação e receba um grande abraço do

Otto

Carta assinada: "Otto"; datada: "Rio, 26 de julho de 1951"; datiloscrito; autógrafo a tinta preta; anotação a tinta preta na margem superior direita: "Otavio / 28/7"; 1 folha.

---

57 (OLR) [Rio de Janeiro], 9 de janeiro de 1952

Murilo:

Sabia que você andava pelo Rio, qdo. cheguei aqui. Pretendi telefonar-lhe – qdo. hoje recebi sua mensagem. Espero vê-lo. Estou pretendendo ver amanhã o poeta Emílio: quem sabe vamos juntos?

Como você anda ocupado e eu estou deliciosamente à toa, aguardo o seu sinal. Deixe por um instante a burocracia!

Abraço amigo do

Otto

Carta assinada: "Otto"; datada: "[Rio], 9-1-52"; autógrafo a tinta preta; 1 folha.

MADRI – BRUXELAS
(1957-1959)

*Ao Murilo Rubião,
do velho muito

Viní[?]

Rio, 57*

BOCA DO INFERNO

58 (MR)   Madri, junho de 1956

Otto

Não pude lhe dar o meu abraço de despedida porque o tempo era pouco e não consegui localizá-lo pelo telefone. Até a última hora andei louco com o Banco do Brasil, atrás de dólares.[104]

Vai o abraço agora

Murilo

Cartão postal assinada: "Murilo"; datado: "Madri, junho de 1956"; autógrafo a tinta preta.

---

59 (MR)   Madri, 6 de junho de 1957

Meu caro Otto,

Estive no princípio do ano no Brasil e, apesar das tentativas que fiz, inclusive deixando recados no seu apartamento, não me foi possível levar-lhe o meu abraço. É verdade que, de uma das vezes (justamente quando mais larga foi a minha estada no Rio), você estava em Belo Horizonte.

Logo que regressei a Madri, encontrei o seu livro,[105] motivo de grande alegria para mim. Não só pela densa mensagem humana que ele transmite, mas principalmente pelo grande

---

[104] MR segue em maio de 1956 para Madri, onde irá atuar como Chefe do Escritório de Propaganda e Expansão Comercial do Brasil e Adido Cultural junto à Embaixada do Brasil na Espanha. A estada espanhola do escritor se estenderá até o início de 1960, quando retornará ao Brasil.

[105] MR se refere ao livro de OLR *Boca do Inferno* (contos, 1957). No exemplar oferecido a MR, consta na folha de rosto a seguinte dedicatória: "Ao Murilo Rubião, / do velho amigo / Otto / Rio, 57".

contista que revela, a sua obra é uma lição de estilo e técnica para os pobres contistas do Brasil (Eu sou um deles).

Eu e João Cabral[106] falamos constantemente em você e esperamos que nos faça, a qualquer hora, a surpresa de aparecer por aqui.

No mais, velho Otto, continuo capengando sob as mesmas tristezas de sempre.

Se no ano passado – um ano infeliz com doença e operação – trabalhei pouco na minha literatura, neste tenho produzido mais. Logo que terminar os contos que estou escrevendo, vou submetê-los ao seu julgamento.

E mande-me notícias. Suas, de Helena, do nosso embaixador Hugo,[107] Jorge Carvalho de Brito e Dada.

Um grande e afetuoso abraço para você, Helena e meninos do seu velho amigo

Murilo

Carta assinada: "Murilo"; datada: "Madri, 06 de junho de 1957"; autógrafo a tinta azul; papel timbrado com o brasão da República Federativa do Brasil e os seguintes dizeres: "ESCRITÓRIO DE PROPAGANDA E EXPANSÃO COMERCIAL DO BRASIL / MONTERA, 25-27 / Telefone: 22 89 06 / End. Telegr: <BRASBUREAU> / MADRI – ESPANHA"; 2 folhas.

---

[106] João Cabral de Melo Neto (1920-1999), poeta e diplomata. Além da convivência durante a estada madrilenha de MR, o poeta de *Morte e vida Severina* e o autor de *O ex-mágico* mantiveram correspondência entre os anos 1957 e 1966, como atestam as 23 cartas de JCMN localizadas no Acervo Murilo Rubião.

[107] Trata-se do Embaixador Hugo Gouthier de Oliveira Gondim (1910-1992). Nos anos 1957 e 1958, Gouthier encontrava-se na condição de Embaixador Brasileiro na Bélgica.

60 (OLR) Bruxelas, 14 de julho de 1957[108]

Meu querido Murilo:

Recebi sua carta com grande alegria. Fiquei encabulado (você, tão sóbrio) com os seus exageros a propósito de meu livro, que já me parece uma coisa pré-histórica. Agora, ando enredado noutros planos (sempre planos), mas não sei quando e até onde os poderei realizar. Tenho uma série de contos novos para trabalhar, andei pensando em reuni-los (são dez) aos contos dos dois livrecos publicados e então sair com um volume só. Mas o que me tenta mesmo é a ideia do romance, de que estou grávido.[109] Ando tomando notas, mas não passo disso. Falta-me o apetite para escrever, apesar de estar sempre desconfiado que amanhã sem falta ponho mãos à obra e o arranco de mim, custe o que custar. Ilusões, provavelmente. Enquanto isto, aproveito o lazer bruxelense para ler. Leio bastante, procurando tirar o atraso em que fiquei, com a minha vida no Rio, nos últimos tempos, a qual passava, como é sabido, por um túnel escuro de burrice e chatura. A lembrança desse passado recente me anima a ir ficando por aqui enquanto for possível, apesar das dificuldades naturais de adaptação, sobretudo para um pai carregado de filhos (3) como eu. Felizmente, Helena (que lhe manda um abraço) e os meninos vão muito bem. Minha filhinha Cristiana, que andava meio adoentada no Brasil, aqui virou outra. Engordou, passa muito bem. Está uma belezinha, com um ano e meio. Os dois

---

[108] A convite do Itamaraty, OLR se transfere, em abril de 1957 para Bruxelas, na Bélgica, para lecionar Estudos Brasileiros, substituindo o poeta Murilo Mendes. Nesse país, trabalhou como Adido Cultural junto à Embaixada do Brasil na Bélgica e também como Professor de Estudos Brasileiros no Instituto de Estudos Hispano-Portugueses e Ibero-Americanos da Universidade de Utrecht, na Holanda.

[109] Apesar de ter publicado apenas um romance, *O braço direito* (1963), OLR se refere à primeira versão de "O carneirinho azul", conforme menções presentes nas próximas cartas – sobretudo as que são feitas na de número 74.

meninos – André e Bruno – também se portam às mil maravilhas e já frequentaram um pouco o colégio. Agora, estão de férias.

O trabalho não é dos mais pesados... Agora, decidindo o nosso presidente JK que o Brasil participa mesmo da Exposição de Bruxelas-58,[110] certamente teremos muito pano para manga. Essa Exposição (ou Imposição) virá ameaçar a minha paz, na qual rumino pensamentos pessimistas e profundamente melancólicos. Vivo com ideias fúnebres, terríveis. Mas estou satisfeito. Aproveito o "exílio" para meditar na vida e sobretudo no que vai ser a vida depois de Bruxelas. Sonho sempre com o repouso belorizontino, sonho de que todos os meus amigos riem. Lembra-se de nossas intermináveis conversas no apartamento comum de Copacabana? Nunca chegamos a uma conclusão... O que não tem a menor importância. Continuo perplexo, velho Rubião. Mas a parada me fez bem e daqui devo sair com a alma um pouco menos verde. Na pior das hipóteses, a morte acabará por amadurecê-la.

João Cabral como vai? Meu abraço para ele e Stela. Escrevi-lhe, não me respondeu. Está sempre em Sevilha? Mande-me seus contos, trocaremos chumbo. Escreva-me sempre.

Gouthier recebeu o abraço e lhe manda outro. Está em Roma. Jorge e Dada aqui estiveram duas vezes, simpaticamente. Falamos muito de você. Hoje, falei com ambos pelo telefone. Estão nos esperando amanhã em Amsterdam, mas temo que eu não possa ir.

Jorge está entusiasmado com o trabalho. Vale a pena?

Tem tido notícias do Brasil?

Receba o abraço do amigo grato

Otto

---

[110] A Expo 58, também conhecida por Feira Mundial de Bruxelas e *Exposition Universelle et Internationale de Bruxelles* (Exposição Universal e Internacional de Bruxelas), foi a primeira Exposição Mundial realizada após o fim da Segunda Guerra Mundial, tendo ocorrido entre 17 de abril e 19 de outubro de 1958. O evento teve a participação de mais de 40 países, entre os quais o Brasil, e várias organizações internacionais, recepcionando mais de 40 milhões de visitantes.

Conheci em Paris o José Gomes, que me falou muito de você. É um bom tipo ele, não?
Meu endereço:
Otto Lara
3, Rond-Point de l'Etoile à Ixelles
BRUXELLES = Belgique

Carta assinada: "Otto"; datada: "Bruxelas, 14 de julho de 1957"; datiloscrito a tinta azul com rasuras e anotações autógrafas a tinta preta. Na margem inferior esquerda consta a seguinte anotação autógrafa, feita por OLR: "Aqui está Chiquinho Rodrigues"; 1 folha.

61 (MR) Madri, 30 de julho de 1957

Meu velho Otto,

A sua carta me encheu de alegria. Ela veio em uma hora boa, justamente quando mais eu necessitava de uma carta amiga. Apesar de fabulosa, Madri é tudo, menos Belo Horizonte.

Segue, com este bilhete, um conto que acabo de escrever.[111] Como não se trata de trabalho acabado, muito agradeceria a sua colaboração, corrigindo-lhe os possíveis erros gramaticais e dando a sua opinião sobre.

A verdade, meu caro Otto, é que ele me satisfaz pouco, apesar de ter trabalhado muito na sua feitura.

Pediria ainda que você, logo que pudesse, me enviasse de volta o original (corrigido), pois não possuo cópias, ou melhor, as que tenho estão ilegíveis.

Mando-lhe também uma entrevista do Paulo[112] que, de certo modo, nos dá uma pequena chance de entrarmos na posteridade.

Um grande e afetuoso abraço do seu fiel

Murilo

Carta assinada: "Murilo"; datada: "Madri, 30 de julho de 1957"; autógrafo a tinta azul; papel timbrado com o brasão da República Federativa do Brasil e os seguintes dizeres: "ESCRITÓRIO DE PROPAGANDA E EXPANSÃO COMERCIAL DO BRASIL / MONTERA, 25-27 / Telefone: 22 89 06 / End. Telegr: <BRASBUREAU> / MADRI – ESPANHA"; 1 folha.

---

[111] Trata-se do conto "Teleco, o coelhinho".

[112] Menção à reportagem de Renard Perez "Escritores Brasileiros Contemporâneos – n. 52 – Paulo Mendes Campos", publicada no *Correio da Manhã*, na qual consta a fotografia de OLR, Sabino, Paulo Mendes Campos, MR e Emílio Moura. Essa reportagem se encontra reproduzida no livro *Escritores brasileiros contemporâneos, 2ª série* (Rio de Janeiro, Civilização Brasileira, 1964).

62 (OLR) BRUXELAS, 17 DE SETEMBRO DE 1957

Meu caro Murilo:

Antes de mais nada, desculpe se custei tanto a responder-lhe. Trabalho, pequenas viagens, reumatismo, preguiça, rotina e os desvios naturais que subjugam a vontade fazer (escrever-lhe, por exemplo) e não se faz. Li o conto[113] várias vezes. Já lhe conhecia o plano, do Rio, naquele tempo, lembra-se? Sempre situei, de cada vez que o li, a aparição do coelhinho no Posto Seis... O conto me parece dos seus melhores. É estranho, forte, surpreendente. Um pesadelo poético, cheio de achados, dentro de uma língua muito sua, com o horror às repetições, as frases exatas, o nenhum medo a compor às vezes segundo os cânones tradicionais, etc. Uma grande ordem exterior (até gramatical e sintática particularmente) para exprimir um mundo tão absurdo, tanta desordem em uma! Quero fazer-lhe algumas pequenas observações, que você aceitará ou não. É o que achei, à margem da boa impressão que me deixou. Não é crítica, são umas notinhas à margem, sem nenhuma importância. O que importa, sobretudo, foi a emoção que o conto me comunicou, o conteúdo que vi nele, que encontrou expressão numa obra marcadamente sua, lírica, pessimista, contida e transbordante de um sentido que alcança e está para lá dos sentidos, pelo menos do sentido, do senso... comum. Vamos às picuinhas. Na primeira página (devolvo-lhe o conto aqui). 13ª linha, anotei a palavra "alegre". Não me parece cabível. Imaginei o coelhinho melancólico, já pela primeira frase que ele disse. Depois, vê-se que o bichinho não é mesmo alegre. Por que o seria naquele primeiro encontro? Além do mais – sobretudo – a palavra não acrescenta nada ao personagem, ou à história,

---

[113] Como se verá nos trechos seguintes, OLR se refere ao conto "Teleco, o coelhinho", publicado pela primeira vez no livro *Os dragões* (1965), de MR.

ou, em suma, à sua psicologia. Na página 2, marquei a frase "num rosto que antes me parecera alegre e malicioso". Veja que você escreveu que os olhos dele eram tristes e mansos. Por que então haviam de parecer alegres e maliciosos? Repito o argumento: nada acrescenta essa frase. Eu a cortaria, mesmo porque até me parece um pouco paradoxal, fora do tom da história. Depois, mais em baixo, botei entre parênteses a frase "Nunca sou o mesmo animal por muito tempo". Eu cortaria também essa. Porque ela conta demais, anuncia o que vem logo depois, isto é, a transformação do coelhinho noutro animal, no caso numa girafa. É melhor, a meu ver, que o coelhinho diga, meio enigmaticamente, que "a versatilidade é o meu fraco". O choque da metamorfose, no leitor, será maior e você tirará maior partido desse choque, que é uma das chaves do conto, sobretudo com a estupenda naturalidade com que você, pachorrentamente, começa e vai contando a sua história. Como se fosse uma história de todos os dias, em que nada há a estranhar! No fim dessa primeira parte, onde está o asterisco, sublinhei a palavra "negativamente". Eu a substituiria por "que não". Coisa de somenos. Na página 4, acho fraca a conjunção do adjetivo "pavoroso" com o substantivo "susto". Pavoroso susto, a mim, neste momento, não diz mais do que simplesmente susto. Talvez fosse o caso de você procurar outro adjetivo. Picuinha bestíssima, esta, mas digo-a porque assim me pareceu, inclusive na releitura que fiz agorinha mesmo do conto.

Na página 5, onde está "aquela coisa mesquinha", eu preferiria "aquele bicho mesquinho". Pois não é bicho mesmo? Coisa, aí, não amesquinha mais o bicho. Na página 6, acho indispensável você cortar a frase – "Seria a beleza daquela mulher a causa de tão absurda falta de senso crítico?" Ça va sans dire. Trata-se de uma reflexão dispensável e até prejudicial, que interrompe o curso da narrativa para não acrescentar nada ao texto.

Na página 8, uma ranhetice gramatical. Acho que se diz "eu o recriminava" e não "eu lhe recriminava". Veja o Francisco

Fernandes (*Dicionário de Verbos e Regimes*). Na página 9, eu cortaria a frase "enquanto eu sentia crescer a corrupção daquela alma sórdida" – mais ou menos pelas mesmas razões que já cortaram, a meu ver, a frase que anotei lá em cima. Nada acrescenta, reflexiona fora de hora, explica, como quem não confia no leitor, ou antes na própria história, que está provando que a corrupção crescia naquela alma. Logo em seguida, na outra linha, há um "Ela" no princípio da frase que me confundiu. Ela quem? Dalila, certamente? Porque então não diz Dalila? Poucas linhas adiante, você diz "resolvi a declarar-me". Pode cortar a proposição a, se não me engano. Também caso de regência verbal. Na penúltima linha da mesma parte, antes dos asteriscos, há uma vírgula demais, segundo anotei. Na página 10 um errinho de ortografia "dançar" é com ç e não com s. Logo depois, está escrito: "Compreendia, afinal, porque ela me repelira. Os dois estavam de namoro." Você não acha que isto já estava evidente? Tudo, desde o princípio, leva o leitor a concluir e a compreender que os dois estavam de namoro – e isto é fundamental ao conto. Então por que ele só compreendia agora, depois de tantas evidências? A mim, me bastaria registrar o flagrante de pegar Barbosa e Dalila dançando, os rostos colados, para justificar a violência que se segue. O movimento de raiva que agride está explicado implicitamente. Não acha? Outras linhas abaixo, você começa uma frase com "À Dalila", a crase não se justifica. E no fim da página, última linha, está "velho sujo!" Expressão forte, boa. Mas implico com o "velho". Imaginava o personagem tudo, menos velho. Lembre-se da surra que ele deu no canguru. Veja outros pormenores que aparecem atrás e verifique se é possível apresentá-lo como um velho. Não vale dizer que a intenção de Dalila era ofendê-lo, pois então bastaria dizer "sujo". Acho que você deve acrescentar outra palavra no lugar de velho, que desvia o espírito do leitor para um pormenor muito importante, inesperado. E se o homem é de fato velho, então seria preciso trazê-lo como velho até aí, seria preciso que a velhice dele aparecesse, transparecesse desde o princípio. Deixei de dizer, ainda da página 10, que "namôro" tem acento circunflexo. Bagatela. Na página 11, anotei o verbo "esfumara", em dúvida sobre a sua conveniência. Depois conclui que não tenho razão. Está bom. Talvez seja antipatia minha pela palavra, facilmente substituível por outra. Mas o verbo está na acepção certa, com propriedade. Na página 12, preferiria que Teleco se tivesse transformado noutro bicho, em vez de andorinha. Já naquela fase – digamos sórdida – andorinha é bicho muito do céu, não casa bem com o andamento da história, com a progressiva perdição do coelhinho, corrompido, por ser ou crer-se homem, pelo amor de uma mulher, Dalila falsa. Eu preferiria dizer que dos seus olhos escorriam então lágrimas de rato, uma vez que não tem importância o absurdo de colocar lágrimas nos olhos de um rato (nem andorinha, muito menos, chora, não é mesmo?). Na página 13, acrescentei uma vírgula que me parece necessária e cortei o pronome oblíquo "me" no verbo acordar, perfeitamente injustificável, pois, pronominal, o verbo acordar tem outra acepção, se não me engano. Muito bom o fim, com a palavra "Morta" separada por um ponto. Terrível.

 Eis aí, meu caro Murilo, o que tinha a dizer. Desculpe se não lhe sou tão útil como você talvez esperasse. De resto, seu conto está feito e perfeito. Minhas anotações são de somenos e você poderá, é claro, recusá-la integralmente, no que diz respeito aos cortes ou às substituições de palavras. Veja o que mais lhe convém. Digo o que me pareceu, honestamente. Desculpe-me também se não me detenho mais na análise do conto. Entre outras razões, já é muito tarde (3 horas da madrugada), estou com os pés frios pra diabo e tenho reumatismo na perna direita. Um reumatismo danado, bruxelense dos legítimos. Pela segunda vez depois que aqui estou. Dói no duro. Será também velhice? É cedo, não?...

 Quanto ao recorte do *Correio da Manhã*, devolvo-o a você. Recebi um igual do Rio, mandado pelo meu irmão. Contemplei longamente a fotografia, lembrei-me das circunstâncias, do dia em que a tiramos, lembra-se? Lembra-se da ausência (e dos motivos dela) do Hélio? Ele se encaminhava para o fotógrafo conosco, até a praça Sete, quando desapareceu... Como éramos moços, meninos! Veja as caras, que tristeza, não é mesmo? Meu bigode, horrível... Era um buço, só foi cortado aos 23 anos, pela primeira vez, e na Associação Cristã de Moços, sob a regência do maestro Fernando Sabino. A cara do Fernando (um menino! Foi com essa cara que ele se casou?!), a cabeleira do Paulo, gente! O bigode do Emílio, verdadeiro acento circunflexo sobre a boca. E você... Grande retrato! Fiquei pensando como surgiu a ideia de fazê-lo, me ocorreu que só você poderia ter tido ideia tão sensata e rica e, ao mesmo tempo, poderia ter levado a turma a concretizar essa ideia, que hoje nos permite voltar, à vista de um documento, os olhos para aquele tempo, ainda ontem e já tão distante! Muito obrigado, pois. É como você diz: a entrevista do Paulusca é uma chance de posteridade...

Disse-lhe, da outra vez, que escrevi um romance? Pois escrevi. Chama-se, veja a coincidência dos bichos, "O carneirinho azul". Depois de um monstruoso trabalho, caí em depressão, tive uma crise profunda. Mas já passei adiante. Não voltei ao romance porque ainda não tive ânimo. Mas espero, ainda este ano, reescrevê-lo. E lhe mandarei uma cópia. Ou quem sabe irei a Madri levá-la pessoalmente? Não quero deixar a Europa sem conhecer a Espanha, não fosse eu um infante de Lara... Estive, rapidamente, enquanto o navio atracou no porto, em Barcelona. Vivi lá um minuto de angústia. Na rua movimentadíssima, meu filho Bruno se perdeu. Mas o encontramos logo depois, em prantos. Espero conhecer a Espanha e especialmente Madri sem angústias de qualquer espécie. Você já está noivo de várias espanholas?... Como vai o ingrato João Cabral? Mandei-lhe meu livro, escrevi-lhe, mas acho que ele está zangado comigo. Não me deu uma palavra.

Há dois dias, vi aqui em Bruxelas três moças (três irmãs) que conhecem você. Uma delas esteve em Madri, numa bolsa de

Literatura. Chama-se Adail, ou coisa parecida. São três nomes assim. Não é Adail. Adail é a que estuda ballet em Paris.[114]

Gouthier certamente manda-lhe um abraço.

Você tem tido notícias do Brasil? Sabe de algum boato que valha a pena contar? Me conte o que sabe. Aqui estou isolado, exilado. Estou pensando em ir à Itália e, de lá, até Paris, no carro do Afonsinho Arinos.[115] Não sei se poderei sair. Lucy Teixeira[116] virá para cá no próximo dia 28, trabalhar comigo para a Exposição. Há bastante trabalho. Quando você aparece aqui? Recebe-lo-emo de braços abertos, é claro. E o nosso Fernando Benjamin?[117] Soube de toda a história do cartório, etc. Que pena tudo! Bom, viver é sofrer. Receba o abraço do velho amigo

Otto

Carta assinada: "Otto"; datada: "Bruxelas, 17 de setembro de 1957"; datiloscrito; autógrafo a tinta preta; rasuras e anotações autógrafas a tinta preta; 4 folhas.

---

[114] Anotação manuscrita feita por OLR a lápis, na margem esquerda da folha: "Conheci em Paris o Zé Gomes".

[115] Affonso Arinos de Mello Franco Filho (1930), diplomata e político brasileiro.

[116] Lucy de Jesus Teixeira (1922-2007). Conforme perfil que consta em ficha arquivística elaborada por Rubião, "contista – poetisa – crítica literária – faz tudo bem – amiga, trabalhamos juntos em Madri". Bacharelou-se em Direito pela Universidade de Minas Gerais (atual UFMG), em Belo Horizonte, na mesma turma de Otto, quando também conhece Fernando Sabino e MR. Participou ativamente da vida artística e literária belo-horizontina e maranhense (de onde é natural) durante a década de 1940, tendo organizado, com Ferreira Gullar, o Congresso Súbito de Poesia, do qual resultou a formação do Grupo Ilha, de que fizeram parte Gullar, Bandeira Tribuzzi e José Sarney. Funcionária do Ministério das Relações Exteriores, serviu por muitos anos em representações diplomáticas do Brasil na Bélgica, Espanha e Itália – ocasiões em que trabalhou com OLR e MR, como vemos na correspondência. Publicou os livros *Elegia fundamental* (poesia, 1962), *Primeiro palimpsesto* (poesia, 1978), *No tempo dos alamares e outros sortilégios* (contos, 1999) e *Um destino provisório* (romance, 2001).

[117] Fernando Sabino.

Em pé, da esquerda para a direita: Otto Lara Resende, Fernando Sabino e Paulo Mendes Campos. Sentados: Murilo Rubião e Emílio Moura. Belo Horizonte, 1943.

---

63 (MR) MADRI, 6 DE DEZEMBRO DE 1957

Otto, minha flor,

"Recebe com simplicidade este presente do acaso. Mereceste viver mais um ano..."
Um grande e afetuoso abraço para você, Helena e menores

Murilo

Cartão postal assinada: "Murilo"; datado: "Madri, dezembro de 1957"; autógrafo a tinta preta.

64 (OLR)   Bruxelas, 06 de Janeiro de 1958

Meu caro Murilo:

Muito obrigado pelos seus amáveis (e belos) votos pelo Ano Novo. Apesar de já não ser tão novo, também lhe desejo, associando-se nisso a Helena, um felicíssimo e madrilenho 1958.

Passaram por aqui, outro dia, três rapazes, dois baianos e um pernambucano. Um deles se chama Simões. Estiveram aqui em casa e falamos a seu respeito. Um deles, ou dois, fez curso em Madri. Me disse que você anda meio melancólico, recolhido. Suponho que seja a melancolia e o recolhimento de sempre, não por motivo especial. Por outras fontes, soube que você está muito feliz aí e nem pensa mais em voltar para o Brasil. Por falar nisso, viu o anteprojeto que o Gouthier elaborou, extinguindo os Escritórios Comerciais, mas criando lugares de Conselheiros Comerciais junto às Embaixadas?

Helena e os meninos estão numa praia próxima, respirando iodo, a conselho médico. Os meninos andaram petimbados, mas já melhoraram. Gripes e pequenas complicações. Estou sozinho, com os meus fantasmas. Literatura: estou empacado no romance, esmagado sob um grande desânimo. Me sinto burro, ruim, sem instrumento, sem substância e sem salvação.

Recebeu minha carta, devolvendo-lhe o conto? Espero que sim. Já foi há muito tempo.

Tem tido notícias do Brasil?

O velho abraço do amigo velho

Otto

Verifiquei agora: enviei-lhe de volta o conto, com uma carta, em 16 de setembro de 1957. Devolvi-lhe também o recorte do "Correio" sobre o Paulo.

Carta assinada: "Otto"; datada: "Bruxelas, 6 de janeiro de 1958"; datiloscrito a tinta preta; 1 folha.

Murilo Rubião em seu apartamento. Madri, abril de 1958.

---

65 (MR) MADRI, 27 DE JANEIRO DE 1958

Meu velho Otto,

Estou lhe devendo carta, sim. Um pouco por melancolia e outro tanto por safadeza.

Esperava concluir outro conto para lhe mandar, pois as suas sugestões para "O coelhinho" foram ótimas. Aceitei-as todas, o que não aconteceu com as que o João Cabral me enviou.

Por falar no poeta, ele deveria chegar hoje a Madri. Certamente falaremos em você, que é um dos nossos assuntos prediletos.

E a nossa Lucy? Estou devendo carta a ela; aliás, acho que estou em dívida com todo o mundo. Não sei se é porque sou obrigado a redigir as do Escritório, a verdade é que sinto um tédio tremendo pelas chamadas epístolas.

Um grande e afetuoso abraço para você, Helena, Lucy[118] e crianças

Murilo

Carta assinada: "Murilo"; datada: "Madri, 21-1-58"; autógrafo a tinta preta; papel timbrado com o brasão da República Federativa do Brasil e os seguintes dizeres: "ESCRITÓRIO DE PROPAGANDA E EXPANSÃO COMERCIAL / DO GOVERNO DO BRASIL"; 2 folhas.

---

66 (OLR)   BRUXELAS, 9 DE ABRIL DE 1958

Meu caro Murilo,

Estou aqui com sua carta de 27 de janeiro e até hoje não lhe pude responder. Estamos uns correspondentes safadíssimos! Mas tenho boa desculpa: a Exposição de Bruxelas é uma iniciativa só para me chatear, promovida por algum inimigo meu, dos mais impiedosos. Isto aqui virou uma grande confusão, desde as ruas aos espíritos. Além do mais, chegam brasileiros todos os dias, cheios de problemas e interrogações. Eu tenho estado muito ocupado, nem parece que estou fora do Brasil. O Pedro Gomes (você conhece, não?), que esteve por três dias em Bruxelas e embarcou hoje, horrorizado, ficou impressionado de ver a vida que aqui vamos brasileiramente levando. Espero que, inaugurando-se o Pavilhão, dentro de alguns dias, a maré baixe. Já estão falando em eu ser chefe não sei de que, preciso do dinheirinho que ganho a mais pela Exposição (a vida, sempre cara aqui, agora está pela hora da morte!), mas meu desejo é tomar férias, pois já faz um ano que estou em Bruxelas e ainda não pude esticar uns dias por um passeio a gosto. Pretendo ir, quem sabe, à Itália e de lá aparecer pela Espanha e Portugal, conforme, acredito, já lhe contei. Por enquanto,

---

[118] Lucy de Jesus Teixeira, ver carta 62, nota 250.

não sei se assim será. Meu pai embarcou ontem no Rio, deve chegar lá pelo fim do mês e terei de acertar um plano com ele. De qualquer forma, espero não regressar ao Brasil sem ir a Madri e aí poderemos bater um papinho, longe da Imposição de Bruxelas. Aliás, recebi, até que enfim, carta do João Cabral. Me fala na partida do Montello[119] e que você havia sugerido que eu me mexa para arranjar minha transferência para aí. Realmente, seria ótimo. Clima melhor, povo mais simpático, vida mais barata (ou menos cara), além da sua vizinhança e da do João, altamente confortadora. Tenho pensado nisso. Helena ficou logo assanhada, já escreveu para o Rio, sondando (por enquanto, nenhuma providência foi tomada). Mas tenho meus receios. Primeiro, como é aí o tal Curso de Estudos Brasileiros? Me sinto muito incapaz de incumbir-me de um curso assim. Estou bovino, distraído e sem sistema. E, além do mais, não sou professor. Segundo, tem a questão da língua. Em todo caso, sei um pouquinho de espanhol e poderia aprender mais com facilidade. Terceiro, receio que não me aprovassem meu nome para a Espanha. Andei dizendo umas coisas, de público, pelo jornal, quando daí saiu o M. Mendes. Será que isto, anotado por certos senhores, não me incompatibilizaria? E moralmente não tenho aí uma razão de constrangimento? Claro que eu não posso engolir o que escrevi... Não eu, um Lara, com vagas reminiscências espanholas e, portanto, bravamente orgulhosas... Finalmente, eu deveria antes falar ao Montello, pois não poderia pleitear um lugar que a ele pertencendo, sem a clara concordância dele. E mais: não tenho nenhum ânimo (nem merecimento) para pleitear nada. Vim parar em Bruxelas, por aqui vou ficando, até que daqui me tirem. De maneira que Madri (aí não tem exposição em 1959?) me tenta, mas me sinto tão sem forças e sem razões! Se possível, me escreva,

---

[119] Josué Montello (1917-2006). Jornalista, dramaturgo e escritor, Montello atuou como professor do curso de História e Literatura Brasileira na Universidade de Madri durante o ano 1958.

francamente, uma palavra a respeito. E fale ao Montello, de quem gostaria de ter também a opinião. Foi-me oferecido um lugar na Alemanha. Mas eu não sei alemão! O embaixador na Holanda quer que eu fique aqui no ano que vem (morando sempre em Bruxelas), para lá fazer duas conferências semanais. Devo responder à proposta do Itamarati. E a Exposição não me deixa pensar em mim, muito menos no meu futuro, tão dubitativo e obscuro. Sinto, vagamente, que mais um ano (1959) de Europa me faria bem, me poria à vontade para fazer o que ainda não pude fazer. Enfim, aí vem, depois de amanhã, o Gouthier, com quem conversarei a respeito – e ele certamente terá planos e ideias. Vejamos. Você não vem ver a Exposição? Como turista, deve ser bom. Venha! Avise. Se o J. Cabral está aí ao seu alcance, dê-lhe um grande abraço (vou escrever-lhe). Outro, muito amigo, do amigo de sempre, meio desinfeliz,

Otto

Lucy recebeu carta sua. Manda-lhe um abraço. Está também no "bafa".

Carta assinada: "Otto"; datada: "Bruxelas, 9 de abril de 58"; datiloscrito; autógrafo a tinta preta; rasuras; 2 folhas.

---

67 (MR)   MADRI, 15 DE ABRIL DE 1958

Meu velho Otto,

Recebi sua carta, seu tédio, sua tristeza.

Bem compreendo a sua infelicidade. De vez em quando ela me assalta também e sinto essa coisa odiosa que é a nossa condição de estrangeiro.

Sobre a sua transferência para Madri – que seria ótima – só disse ao João Cabral depois de ter consultado o Montello. Portanto, por esse lado, você não deve ter nenhum escrúpulo.

Estou de malas prontas para dar uma fugida de um mês, rumo ao Brasil. Daí a impossibilidade de ir à Bélgica. Para dizer a verdade, apesar da minha condição de adido comercial, não tenho grandes simpatias pelas exposições internacionais. Há, por toda a Europa, lugares mais tranquilos.

Gostaria de lhe fazer uma visita (também o Cabral), mas em outra ocasião, com a vida de Bruxelas normalizada, sem os atropelos desses certames.

Um abraço muito afetuoso para você, Helena, Lucy e a garotada
do seu fiel amigo

Murilo

Carta assinada: "Murilo"; datada: "Madri, 15-4-58"; autógrafo a tinta preta; papel timbrado com o brasão da República Federativa do Brasil e os seguintes dizeres: "ESCRITÓRIO DE PROPAGANDA E EXPANSÃO COMERCIAL / DO GOVERNO DO BRASIL"; 2 folhas.

---

68 (OLR)　　　　　　　　　Bruxelas, 1 de outubro de 1958

Murilo, meu caro,

Que longo silêncio! No entanto, sempre pensando em lhe escrever. Papai me deu notícias suas. Me anunciou também uma carta que você não mandou.

Agradeço-lhe a remessa da carta do Montello. Se ele ainda está aí, dê-lhe um abraço, a que junto seus agradecimentos pela simpática sugestão.

Não sei a quantas ando em matéria de transferência daqui. Israel[120] escreveu há alguns dias dizendo que a coisa está de-

---

[120] Israel Pinheiro (1896-1973), sogro de OLR. Político brasileiro, exerceu diversos cargos públicos, com destaque para os de deputado estadual e de Governador de Minas Gerais (1966 e 1971).

cidida. Do Itamarati, o Araújo Castro me escreveu fazendo sugestões, mas não toca em Madri. Escrevi-lhe há dias e estou aguardando resposta, para então poder decidir. Gouthier, por sua vez, acha que eu deveria ficar aqui. Que confusão! Tudo continuando assim, vou acabar no Rio...

Estive aqui com o Carlos Alberto P. Pinto,[121] muito rapidamente. Estão em Londres, deverão voltar a Bruxelas. Espero vê-los com calma. Convidamo-los para almoçar uma feijoada sábado passado, mas não puderam vir, porque tinham uma caçada no castelo de um barão.

Me diga uma coisa clara e francamente: como é a vida aí em Madri? Me garantem uns que 800 dólares (quanto ganho) aí são fortuna fabulosa, outros dizem que nem tanto. Outra coisa: em que consiste realmente o trabalho do Montello? Há um curso regular? A Embaixada ajuda, prestigia, intromete-se, atrapalha, desconhece? Aqui não há curso, trabalho na Embaixada dentro de uma rotina a que me acostumei. E a Exposição me ocupou muito, mas agora em outubro chega ao fim. Confesso-lhe que me sinto cada vez mais incapaz de dar aulas. Eu não sei nada, seu Murilo! E esses espanhóis, pelo que imagino, devem ser cultíssimos e cheios de títulos universitários e superuniversitários. Me conte algo a respeito (Cá entre nós, não creio na minha ida para aí, o que só virei a lamentar por assim afastar a convivência com você – que papos bateríamos!).

Soube que João Cabral iria ser transferido. Ele não me escreve, calou-se. Às vezes, desconfio que ficou zangado comigo, porque sei que a outros amigos ele escreve com regularidade, manda poemas, etc. Eu não mereço. Stella[122] talvez aparecesse aqui, mas acho que desistiu – você sabe alguma coisa?

---

[121] No arquivo de MR, Subsérie Fotografias – Espanha. De 1958 a 1960, há duas fotografias do escritor com Carlos Alberto P. Pinto, datadas de 1958 e 1959.

[122] Stella Maria Barbosa de Oliveira, primeira esposa de João Cabral de Melo Neto.

Ruy Barbosa Mello me deu notícias suas. Você o viu depois que ele esteve em Bruxelas?

Me escreva. Lucy me disse que lhe respondeu. Faríamos aí um bom conjunto... Arriba, España! Abraço afetuoso do velho amigo

Otto

Estive em agosto na Itália. Se continuar na Europa, 1959 será reservado à Espanha, ainda que em férias. Me anime com coisas objetivas, preços, casa, etc.

Carta assinada: "Otto"; datada: "Bruxelas, 1º de outubro de 1958"; datiloscrito; autógrafo a tinta preta; 1 folha.

---

69 (MR)   Madri, 27 de novembro de 1958

Meu velho Otto,

Levei quase dois meses para lhe escrever. É que tenho andado como barata tonta – trabalhando muito e não fazendo nada.

Você me faz uma série de perguntas, o que demonstra suas dúvidas em tomar uma decisão.

Venha.

1º) A vida aqui é realmente barata e você poderia viver à larga com 800 dólares.

2º) O Montello não deu propriamente um curso, mas sim conferências (e ruins).

3º) Não há grande interesse pelo curso (até agora estão inscritos apenas quatro alunos) e os espanhóis não são "luminares". Você lhes dará um banho de cultura.

4º) A Embaixada não chateia e só tomará conhecimento da sua existência se for desejo seu. O pessoal é simpático e não interfere agressivamente em nossa vida. A minha, eu a faço como entendo e ninguém me incomoda. O embaixador é "divertido" e muito cerimonioso.

É preciso que você tome uma decisão rápida, antes que outros candidatos apareçam. A Espanha tem uma justa fama de país acolhedor e de vida barata.

O nosso João Cabral não está zangado e leu a sua carta. Ele me disse que anda passando por um período mau e não tem escrito a ninguém. Foi transferido para Marselha e de lá lhe escreverá.

Sei que vou sentir muito a falta do poeta, mas com a sua presença em Madri (também da nossa querida Lucy) não ficarei amargando a solidão.

Venha, meu velho! Nada de dúvidas. Você não se arrependerá.

Um grande e afetuoso abraço para você, Helena e crianças do seu fiel amigo

Murilo

Carta assinada: "Murilo"; datada: "Madri, 27-11-58"; autógrafo a tinta azul; papel timbrado com o brasão da República Federativa do Brasil e os seguintes dizeres: "ESCRITÓRIO DE PROPAGANDA E EXPANSÃO COMERCIAL / DO GOVERNO DO BRASIL"; 4 folhas.

---

70 (OLR)   BRUXELAS, 1 DE DEZEMBRO DE 1958

Meu caro Murilo,

Realmente, como você custou a responder a minha carta! Pensei até que você não estivesse em Madri. Quis mandar-lhe outra, mas acabei ficando quieto, desconfiado. Agora, cá está sua excelente carta, cujo único defeito é ser curta. Infelizmente, coisas aconteceram nesse entretempo. Decidi ir ao Rio. Nada foi resolvido de positivo sobre minha transferência, ou mesmo continuação aqui. Acenaram-me com outros postos, mas nada foi decidido. Comecei a ficar aflito, sobretudo diante do silêncio tumular do Rio de Janeiro, múltiplas vezes provocado por mim. Fiquei com receio de não sair solução tão cedo, o que viria complicar minha vida aqui, pois ganho pouco (800 dólares) para a vida caríssima aqui na Bruxa. Meu atual contrato expia a 31/12/58. Além disso, como acontece todo ano, eu passaria pelo dissabor de não receber meu dinheirinho nos três primeiros meses de 1959, etc. Então vi que o jeito de eu continuar no exterior é... ir ao Rio, cuidar eu mesmo de meus interesses. Helena gostou da ideia, porque anda com muitas saudades. Só há um inconveniente: a viagem vai me custar os olhos da cara (são seis passagens) e a ajuda de custo, de apenas 2.000 dólares, não dá nem para a saída. Assim mesmo, arrebanhei o dinheirinho que tenho no Brasil, farei dívidas, o diabo, mas vou. Provavelmente em princípio de janeiro. O Araújo Castro[123] me mandou um telegrama dizendo que o Negrão[124] está receptivo [sic] quanto à minha transferência para Madri e que o assunto será resolvido "nas próximas semanas". Você vê que tudo são promessas. Ouço também dizer que os contratados como eu seriam cortados, em obediência às recomendações da economia orçamentária. Não sei se serão mesmo. Vou ao Rio lutar para eu não ser cortado, pois pretendo voltar em abril no máximo. O Gouthier parece que fracassou nas promessas que me fez de encontrar uma solução, pela via de mais alguns dólares. Assim sendo, Madri seria, financeiramente, a salvação, mas há sempre aquela minha reserva de natureza digamos íntimo-política (escrevi contra o <u>homem</u> duramente quando o Murilo Mendes saiu daí).[125] Verei no Rio o que há como solução, inclusive porque me falaram vagamente na possibilidade de me mandarem para

---

[123] João Augusto de Araújo Castro (1919-1975), diplomata de carreira que, em 1958, assumiu a chefia do Departamento Político e Cultural do Itamarati.

[124] Parece tratar-se do advogado e político mineiro Francisco Negrão de Lima (1901-1981), irmão do também político Otacílio Negrão de Lima (1897-1960). Durante a presidência de Juscelino Kubitschek, foi nomeado Ministro das Relações Exteriores de 1958-1959.

[125] Em 1956 o poeta Murilo Mendes teve seu visto negado para ingressar na Espanha como professor de Literatura Brasileira, ao que tudo indica devido a seu aberto repúdio ao regime ditatorial de Francisco Franco. Não foi

os EE. UU.[126] Tudo pode acontecer, mas espero que não aconteça minha permanência no Rio, pois não pretendo lá ficar, antes de mais um ou dois anos no exterior, para completar minha vilegiatura. Está claro que, para mim, seria extraordinariamente simpático e agradável ter você como companheiro de exílio. Você me atrai mais a Madri do que o Museu do Prado... Tenho tédio aos museus e continuo me deliciando na companhia dos bons amigos como você, vinho das primeiras pipas adolescentes (a imagem é ruim, mas você entende).

Já escrevi ao Rio sobre minha decisão de ir ao Brasil em janeiro. Até agora, por incrível que pareça, nenhuma resposta! Estou vagamente ansioso, como se tivesse sido esquecido de Deus e dos homens. Veja que a demora na sua resposta também me espinhava... Agora, não posso voltar atrás. Vou ao Rio, estou danado pra chegar, como o trem do Ascenso Ferreira.[127] Espero não agarrar no Brasil.

Antes de minha partida, que ainda demorará pelo menos um mês, se tudo correr bem, veja se me manda mais uma palavra encorajadora, com notícias suas, que são sempre bem recebidas. Repito-lhe que a ideia do curso aí me dá calafrios, pois me sinto pouquíssimo universitário e nada professoral. Só dou banhos de cultura em André, Bruno e Cristiana, que me acham o sujeito mais inteligente do mundo (deles).

Lucy recebeu carta sua hoje. Vai lhe escrever imediatamente.

Helena lhe manda um abraço. Outro, muito amigo, do seu de sempre, mais uma vez agradecido,

Otto

    localizado nenhum texto referente a esse fato no Acervo Otto Lara Resende, sob a guarda do Instituto Moreira Salles, Rio de Janeiro.

[126] Abreviatura que significa Estados Unidos da América empregada na língua espanhola.

[127] Referência ao poema "Trem de Alagoas", do poeta modernista pernambucano Ascenso Carneiro Gonçalves Ferreira (1895-1965), mais conhecido como Ascenso Ferreira.

PS: Estive recentemente em Paris e ouvi dizer que João Cabral passaria por lá. Não passou, ao que parece. Gostaria de tê-lo visto. Ouvi várias vezes referências a cartas e a poemas dele, em Paris, em Roma e até em Bruxelas, o que me deu certo complexo, daí supor até que ele estivesse zangado comigo.

PS n° 2: Em Paris, tentei um dia telefonar para você, sem êxito. Meu cunhado Israelzinho[128] queria ir a Madri e tentava me arrastar, oferecendo-me até o financiamento da passagem. Mas fiquei com dor de barriga e vim correndo para Bruxelas, tomar elixir paregórico. Israelzinho foi então para Lisboa e de lá voou para o Rio.

Carta assinada: "Otto"; datada: "Bruxelas, 1° de dezembro de 1958"; datiloscrito; autógrafo a tinta preta; papel azul;2 folhas.

---

71 (MR)   Madri, 13 de dezembro de 1958

Otto, velho de guerra,

A <u>ordem do dia</u> é a de meter os peitos, remover montanhas e arrancar a sua transferência para as terras de Espanha. Gostei da sua decisão de mudar o campo de operações para o Rio. É o caminho mais certo para deixar Bruxelas. Aperte o crânio do Negrão, movimente o comandante de Brasília e diga a todos que você se propôs salvar o velho Rubião de uma solidão já quase que irreparável.

Madri, conforme lhe falei em carta anterior, é um dos lugares melhores do mundo. Lembra muito Belo Horizonte. Possui o mesmo clima (muito seco) e é a cidade ideal para crianças, com os seus lindos jardins, parques imensos e um sol que nunca se esconde (Desculpe-me o tom infantil da descrição...). Há ainda

---

[128] Israel Pinheiro Filho (1931), político brasileiro, filho do ex-governador de Minas Gerais, Israel Pinheiro. Para mais informações a seu respeito, consultar o livro *Memórias de Israel Pinheiro Filho: 50 anos de história política*.

a alegria, o cavalheirismo e espírito de gente espanhola. Tudo isso já lhe foi dito, mas você pode ter a certeza de que é verdade.

Penso que você não se arrependerá do passo que vai dar. Faça força, meu querido Otto, e venha, que já começo a abrir os braços para recebê-lo.

Um grande e afetuoso abraço para você, Helena e garotos, do velho e fiel

Murilo

Carta assinada: "Murilo"; datada: "Madri, 13-12-58"; autógrafo a tinta azul; papel timbrado com o brasão da República Federativa do Brasil e os seguintes dizeres: "ESCRITÓRIO DE PROPAGANDA E EXPANSÃO COMERCIAL / DO GOVERNO DO BRASIL"; 3 folhas.

---

72 (OLR)   BRUXELAS, 18 DE DEZEMBRO DE 1958

Caríssimo Murilo,

Recebi sua carta, estimulante em favor da conquista das terras de Espanha. Veremos como dispor o plano de batalha. Em todo caso, falta-me fé e o império não está se dilatando, muito pelo contrário.

Como lhe disse, estou vesprando minha viagem ao Rio. O Itamarati me pede que fique janeiro em Bruxelas, por causa da verba. Ficarei. Devo partir, se Deus não mandar o contrário, dia 14 de fevereiro, para chegar a 3 de março no Rio.

Assim sendo, minha volta à Europa deverá se dar mais tarde que eu supunha (em princípio, pensava em regressar em abril). Já se diz, porém, no Rio, que não voltarei, o que positivamente é uma intriga da oposição.

Falar em oposição, dizem que o nosso querido país anda às voltas com vários problemas, inflação, quebra-quebra, acusações públicas, etc. Não sei ao certo, Bruxelas é um desvio, mal se vêm jornais brasileiros aqui. Você aí deve ter o seu serviço de informações mais aperfeiçoado. Havendo curiosidades, despache para cá.

Como vai a literatura? Não escreveu outros contos? Eu estou em plena atividade, profundamente cansado com o trabalho que me impus nos últimos dias, brutal. Cheguei a passar 17 horas à máquina. O saldo de Bruxelas está aumentando em volume, mas não creio que tenha razões de estar contente. Preciso trabalhar, trabalhar, trabalhar.

Muito obrigado, Murilíssimo, *Ecce Iterum Rubionem*,[129] direi em breve, lembrando-me do Hélio e de Bhte (recebi outro dia carta do Fernando).

A rotina familiar vai indo. Helena se recomenda.

Abraço do velho amigo grato

Otto

Lucy está animadíssima com a ida para a Espanha. Recebeu sua carta e me diz que já respondeu. Temos batido grandes papos e ela já conta comigo em Madri, para a chacrinha com você. Realmente, é tentador. Mas essa história de fazer conferências é de morte!...

Carta assinada: "Otto"; datada: "Bruxelas, 18 de dezembro de 1958"; datiloscrito; autógrafo a tinta preta;1 folha.

---

[129] Frase derivada da expressão latina *Ecce Iterum Crispinus*, que significa "eis de novo Crispim". Esta frase são os versos de abertura do Livro IV das *Sátiras* do poeta e retórico romano Juvenal. Na crônica "Seus amigos e seus bichos", publicada em 20/09/1991 por ocasião da morte de MR, OLR evoca esta frase, *Ecce Iterum Rubionem*. De acordo com o cronista, Rubionem, Ecce e Ecce Iterum eram apelidos atribuídos a MR devido ao título de um artigo de Benone Guimarães sobre o personagem Rubião, de Machado de Assis. Uma tradução possível da frase citada por OLR seria "Eis de novo Rubião".

73 (MR)   Madri, 21 de janeiro de 1959

Meu querido Otto,

Achei sua última carta mais animada (Ela me chegou às mãos com grande atraso, pois me encontrou na Itália). Senti nela maior a sua determinação em arrancar dos energúmenos do Itamarati a sua transferência à Espanha.

De fato, o nosso país anda às voltas com inflação, quebra-quebra, crises na aeronáutica e não [sei] o que mais. Entretanto, pelos jornais, nada disso tem durado muito e os acontecimentos se tornam velhos de uma semana para outra. Eu, que já sou macaco velho em matéria de crises político-militares e calejado pela experiência, no exterior, com relação aos acontecimentos nacionais (crimes, juventude transviada, carestia de vida, etc.), sei que as coisas passam logo e não resistem sete dias de manchetes. Assim, vou cuidando da minha situação econômica e dos meus particulares problemas alfandegários, certo de que o Brasil crescerá sem a necessidade das minhas preocupações.

Você me pergunta se tenho escrito. Tenho. Mas com a velha lentidão rubiônica e sem grandes ambições quanto à posteridade. Como pretendo deixar apenas quatro livros (três de contos e uma novela),[130] a safra não tem sido má.

Entretanto, essa desambição na idade madura não me é benéfica. Me traz certo desencanto. A idade madura, meu velho Otto, é o diabo. Nem pileques eu tomo mais! Sou um perfeito inútil (melhor, imbecil).

Otto, venha logo, que aqui não tenho com quem me desabafar e muita coisa precisa ser contada.

---

[130] Nas várias entrevistas que concedeu ao longo de sua vida, MR anunciou que seus planos consistiam em publicar três livros de contos e algumas novelas. Os títulos das novelas são *O navio*, *O esgoto* (ou *Manoel, o nascido do esgoto*) e *O senhor Uber e o cavalo verde*. Contudo, apesar dos esforços de MR, observados nos vários rascunhos e esboços presentes em seu arquivo, nenhum desses trabalhos foi concluído.

Tenho confiança de sua disposição e na ajuda preciosa da nossa Helena, mais forte do que nós dois.

Um grande abraço para você e Helena, do seu velho companheiro de Nossa Senhora de Copacabana.

Murilo

P.S. Peço dizer a Lucy que ela ganhará um pouco mais do que o prometido e que o meu apartamento está sendo remodelado para as nossas chacrinhas.

Murilo

Carta assinada: "Murilo"; datada: "Madri, 21-1-59"; autógrafo a tinta azul; papel branco; 4 folhas.

---

74 (OLR)   Bruxelas, 29 de janeiro de 1959

Murilo caríssimo,

Recebi sua carta de 21 corrente. Infelizmente, tenho a lhe dizer que já não vou mais para Madri. Estava tudo decidido: eu iria ao Brasil e lá veria o que fazer, estando certa a minha volta e então me garantiam Madri. Eis que recebo um telegrama me informando que, indo ao Brasil, o Itamarati não me daria ajuda de custo para sair outra vez de lá. Diante disso, cancelei a viagem, porque pretendo, se possível, concluir primeiro as tarefas literárias que iniciei e também não tenho muita gana de voltar àquela minha vida infame no Rio imediatamente. Optei então pela não ida e escrevi, em resposta, que fico em Bruxelas. Mudar para Madri era muito complicado, preferi a rotina. Depois, não sei até quando ficarei na Europa. Helena quer voltar, a família dela acha tolice eu ir permanecendo por aqui. Mudar para passar aí uns poucos meses e depois fazer nova bagagem, embarcar tudo para o Brasil, mudar os meninos de colégio (onde vão otimamente) e de língua (falam francês correntemente), ah! Tudo era muito complicado, decidi ir espichando uns dias, umas semanas, uns meses por aqui. Estou à espera de Hugo Gouthier, para saber como vai ser minha vida este ano. Os brasileiros exposicionais já partiram (quase todos), Bruxelas voltou à calma, à modorra. É tudo que peço, com tempo vago para minha literatura. Há inconvenientes, dos quais o mais visível é a vida cara aqui, 800 dólares não chegam para nada. Você vê que as coisas não se passaram como eu previa. Depois de me darem licença para levar o carro para o Brasil, veio outro telegrama me exigindo dois anos de Bruxelas (só os completo em abril), apesar de a mesma licença ter sido dada a brasileiros como eu, com função transitoríssima, e que só tinham seis meses de Bélgica, levando Chevrolets, etc... Entenda-se!

Quanto à literatura, ando num trabalho intenso. Acho que já lhe contei, mas reconto. Concluí e passei a limpo um romance, "Diário de um inspetor de órfãos".[131] Estou passando a limpo um volumoso livro de contos[132] e atacarei depois o outro romance, "O carneirinho azul",[133] cuja primeira versão tem de ser muito modificada. Fora outros planos, que já me picam por dentro. De maneira que estou numa fecundidade assustadora – e pareço apressado, como um sujeito que, de repente, acorda atrasado no meio do caminho e percebe que tem que dar o máximo, que não pode perder tempo mais. Tudo isto importa em vencer a preguiça, a dispersão, etc., o que é difícil.

---

[131] Romance publicado em 1963 com o título *O braço direito*. Contudo, a tradução para o inglês britânico manteve o título original – *The Inspector of Orphans*. No exemplar oferecido por OLR a MR, consta na folha de rosto apenas a assinatura do autor: "Otto Lara Resende".

[132] Parece tratar-se do volume de contos *O retrato na gaveta* (1962).

[133] "O carneirinho azul" acabou se tornando uma novela, publicada com o mesmo título no livro *O retrato na gaveta* (1962). Posteriormente, em 1995 e 2012, o conto foi publicado com outro título, "A testemunha silenciosa", integrando volume de mesmo título. No exemplar de *O retrato na gaveta* oferecido a MR, consta, na folha de rosto, a seguinte dedicatória: "Ao velho Murilo, / seu velho / amigo / Otto / Rio, Set. 62".

Não as venço totalmente, mas lhes tenho imposto ruidosas derrotas – e vou trabalhando galhardamente. Sobretudo por isso me agrada prolongar minha permanência aqui, porque no Rio, claro, eu não teria as mesmas condições favoráveis. Para ganhar um dinheirinho de que necessito, acho que vou ter de escrever para jornal. E, além disso, escrevo danadamente imensas cartas, aliás em número cada vez menor, porque ando desistindo de provocar os amigos silenciosos e distantes, que nunca respondem, ou piam uma vez por ano, enquanto eu me esfalfo, me esguelo, me mato.

Imagino que você aí goze de uma paz invejável, abrindo uma clareira conveniente ao seu ritmo interior. Quanto a escrever pouco, não importa. Ninguém se realiza pelo número de livros ou de páginas. Eu invejo os sóbrios, como você. O que importa é dar o recado, o mais breve possível, com o menor número de palavras. Infelizmente, minha família parece ser mais a dos loquazes e vivo lutando contra a prolixidade. Sou um impaciente, um apressado, dispneico e ofegante (contingências de asmático). O que quer dizer que me falta sabedoria.

Você não aparece por estas bandas? Não vem a Paris? Ou só a Itália o tenta? Eu espero dar uma esticada aí, pela Península Ibérica, no próximo verão. No ano passado, andei pela Itália. Se o dinheiro não for curto demais, irei visitá-lo em Madri, lá para julho (se tudo sair como espero e por aqui permanecer).

Lucy. Dei-lhe o seu recado, que a alegrou. Ela jantou aqui em casa hoje e depois fomos juntos ao cinema. Acabo de deixá-la em casa (são 2 horas da manhã), depois de um longo monólogo meu sobre a literatura brasileira de ficção contemporânea... Estive borbulhante de ideias, meio confusas e talvez não muito interessantes, porque ela caía de sono...

Meus filhos estão ótimos. Helena lhe manda um grande abraço. Outro do velho e fiel amigo de sempre

Otto

P.S.: No fato de não me transferir para Madri, o que lamento é apenas a perda de nossa chacrinha aí, com sua companhia e sob sua égide. Dói-me a renúncia...

Carta assinada: "Otto"; datada: "Bruxelas, 29 de janeiro de 1959"; datiloscrito a tinta preta com rasuras e assinatura a tinta azul; papel azul; 2 folhas.

---

75 (MR) MADRI, 8 DE FEVEREIRO DE 1959

Otto, flor dos Laras,

A sua carta me decepcionou, pois contava certo com a sua vinda para Espanha. Quem sabe ainda está em tempo de reconsiderar o assunto? Afinal, as mudanças não são tão difíceis assim e alegram sempre as crianças (Pense nos jovens Laras).

Acabo de tomar uma resolução súbita: vou ao Brasil nos primeiros dias de março. Tenho dois períodos de férias e alguns dólares guardados. Como bom mineiro. Já ando cansado de ser estrangeiro e necessito urgentemente de um banho de sol em Belo Horizonte. Carregar a minha tristeza na rua da Bahia.

Você reclama contra o meu descaso por Paris. Confesso que gosto mais de Roma. Paris me falou muito pouco. Talvez por gostar mais do humano que da paisagem. Entretanto, quando regressar do Brasil (em maio), irei a Marselha visitar o nosso Cabral e de lá irei à capital. Com o poeta e tudo.

Também eu tenho lutado em vão com os amigos do Brasil, implorando por notícias. Ninguém responde às minhas cartas. Mesmo o Fernando, que sempre reclama do meu silêncio, através de descuidados brasileiros que passam por Madri, jamais respondeu às poucas cartas que lhe enviei. Além da família e de dois fiéis e obscuros amigos, só você e o João Cabral me escrevem.

Ando aborrecido com os boatos que, ultimamente, foram veiculados pela imprensa carioca com o possível fechamento dos Escritórios de Madri, Paris, etc. Esta é a razão principal por que antecipei minha viagem ao Brasil. Eu iria mesmo, em maio, pelas razões que lhe dei no começo desta, porém resolvi defender, de perto, o meu direito ao sol de Espanha.

Um grande e afetuoso abraço para você, Helena e garotos do seu velho e fiel amigo

Murilo

Carta assinada: "Murilo"; datada: "Madri, 8-2-59"; datiloscrito; autógrafo a tinta preta; papel timbrado com o brasão da República Federativa do Brasil e os seguintes dizeres: "ESCRITÓRIO DE PROPAGANDA E EXPANSÃO COMERCIAL / DO GOVERNO DO BRASIL"; 3 folhas.

Murilo Rubião e João Cabral de Melo Neto. Madri, 1959.

---

76 (OLR)   BRUXELAS, 30 DE JULHO DE 1959

Murilo, meu caro,

Estou com uma carta sua de 8 de fevereiro, até hoje sem resposta. Você foi ao Brasil, voltou. Agora, sou eu que estou indo, mas para ficar. Parto daqui dia 8, de navio, lá estarei antes do fim do mês. Veremos se por acaso eu não arranjarei ânimo (e oportunidade) para vir de novo à Europa, quem sabe? E quem sabe Madri? Se você estiver aí, será sempre mais atraente essa atraente Espanha. Eu pretendia muito passar aí uns dias, antes de meu regresso ao Rio.[134] Mas não foi possível. Problemas, complicações, tudo vagaroso e dinheiro curto. Não nos animamos. Fica para outra vez, se houver outra vez. Já soube que você vai ser confirmado, com lei no Congresso e tudo, para aí ficar permanentemente. Se é verdade, você vai sentir muita saudade da rua da Bahia e arredores, mas você já deve estar calejado em matéria de saudades.

E você foi afinal, como anunciou, visitar o João em Marselha? Ele me escreveu, só respondi agora, perdi-o de vista. Soube que estaria em Paris por um mês, o de agosto. Vou tentar alcançá-lo pelo telefone. E escrevi-lhe hoje. Foi pena que não nos víssemos. Vocês não apanharam no ar a minha resposta de combinar um plano estratégico de encontro. Nem quiseram aparecer em Bruxelas, onde eu os receberia com *feu d'artifice*.[135]

Fernando passou por aí, parece que correndo. Pensava-o ainda em Madri, quando vi retrato dele no *Globo*, todo turista e lampeiro, chegando ao Rio. Foi uma surpresa. O malandro ficou de se comunicar comigo, tínhamos o projeto de nos encontrarmos ainda na Europa, tudo foi por água abaixo. Escrevi também a ele hoje. Estou botando as últimas cartas em dia. E tudo às pressas, pois são muitas e o tempo é pouco, além da pequena disposição, com uma angústia danada, por causa da viagem e dos seus chatérrimos preparativos.

Lucy como vai? A moça é tímida, dê um jeito de puxar por ela, saia um pouco de sua casmurrice, se está casmurro (não

---

[134] OLR retorna ao Brasil em agosto de 1959, assumindo o cargo de advogado na Procuradoria do Distrito Federal (à época, Rio de Janeiro).

[135] Expressão francesa, que significa fogos de artifício.

sei se está), e dê uns empurrões nela, que precisa de patrono. Confio em você, para suprir a orfandade moral da nossa Lucy, que, segundo me escreveu, já está madrilenha *salerosa*,[136] gostando da terra e do sol. Isto aqui é que não é vida. Enchi-me. Saio sem saudades. E só vou meio receoso por causa das perspectivas no Rio, recomeçar tudo, aquela coisa. É duro, mas Deus ajuda.

Vou escrever a Lucy, a propósito dos assuntos dela. Me pediu para comprar um radinho, etc. Se o Caio for à Alemanha, como está prometendo, semana que vem, peço a ele para comprar, porque sai muito mais barato, e mando em seguida. Senão, posso comprar aqui mesmo, se não for preço muito mais alto. Diga a ela, se tiver oportunidade. E mandarei para ela também o saldo de dólares que tem comigo. Pedi a ela que me explicasse como eu deveria mandar, mas é moça vaga! Não explicou nada. Vai ver, terá de trocar aí num câmbio infame. Enfim!

Bom, meu caro Murilo, até outra vez. Aqui, tudo bem, Helena e os meninos, como de costume. Chegando ao Rio, ficarei uns dias na casa do Israel (rua Assis Brasil, 146, Copacabana), depois vou me instalar não sei onde, que meu apartamento está alugado até maio de 60. Vou também passar uns dias em Minas, matar as saudades, retemperar a mineiridade, cada vez maior, com a ausência.

Nosso abraço para você. Seu velho amigo de sempre

<u>Otto</u>

Carta assinada: "Otto"; datada: "Bruxelas, 30 de julho de 1959"; datiloscrito; autógrafo a tinta preta; 2 folhas.

---

[136] Expressão espanhola, significa graciosa.

BELO HORIZONTE – LISBOA – RIO DE JANEIRO
(1966-1991)

O Diretor da Imprensa Oficial do Estado de Minas Gerais e a ACAIO têm o prazer de convidar Vossa Excelência para o lançamento do Suplemento Literário do «Minas Gerais».

A solenidade será realizada, sábado, dia 3 de setembro de 1966, às 11 horas, no Saguão-Interno da Imprensa Oficial.

77 (MR) [Belo Horizonte, 1966]

COM OS CORDIAIS CUMPRIMENTOS DO MURILO RUBIÃO[137]

*Cartão de visita assinado: "Murilo Rubião"; sem data; autógrafo a tinta azul; o cartão apresenta os seguintes dizeres impressos: "*MINAS GERAIS / SUPLEMENTO LITERÁRIO */ Com os cordiais cumprimentos".*

---

[137] O *Suplemento Literário de Minas Gerais* – órgão oficial dos Poderes do Estado – foi criado como parte do plano de amparo à cultura e difusão das letras e artes mineiras elaborado pela administração de Israel Pinheiro, durante seu mandato como governador de Minas Gerais (1966-1971). MR, junto a Aires da Mata Machado Filho e Laís Corrêa de Araújo Ávila, compunham a Comissão de Redação Cabe mencionar que apesar do primeiro número ter circulado em setembro de 1966, o projeto de lei que dispõe sobre a criação do periódico é publicado no *Minas Gerais* apenas em 14/01/1967.

78 (MR)　　　　　Belo Horizonte, 22 de maio 1967

Otto, meu velho,

O Dr. Israel,[138] seu sogro, e meu Governador, prometeu-me arrancar um conto ou artigo seu. Isso foi há três meses. Como até agora não chegou colaboração sua, penso que o desprestígio dele junto a você é igual ao meu.

No dia 2 de setembro o *Suplemento* completa um ano e gostaríamos muito de receber qualquer trabalho inédito de sua autoria,[139] o que deverá ser feito até 15 de julho próximo.

A remuneração é pequena (vinte e cinco cruzeiros novos), mas a gratidão será bem maior.

Um abraço do seu velho amigo

Murilo

Carta assinada: "Murilo"; datada: "B. Horizonte, 22 de maio de 1967"; datiloscrito a tinta preta com assinatura a tinta azul; papel timbrado, apresenta os seguintes dizeres impressos: "MINAS GERAIS / SUPLEMENTO LITERÁRIO / AV. AUGUSTO DE LIMA, 270"; 1 folha.

---

[138] Israel Pinheiro, ver nota 299, carta 68.

[139] OLR será um colaborador raro nas páginas do *Suplemento Literário*, não enviando nenhuma colaboração no período em que MR é Secretário da publicação. OLR irá colaborar com o periódico apenas em quatro ocasiões com textos de elogio póstumo a Helena Antipoff ("Helena Antipoff", v. 10, n. 471, p. 2, set. 1975), Bueno de Rivera ("Cansado como um rio", v. 19, n. 943, p. 8, out. 1984), Tristão de Athayde ("Uma voz livre", v. 18, n. 899, p. 12, dez. 1983) e Carlos Drummond de Andrade – "C.D.A., ou melhor: o Carlos", v. 22, n. 1085, p. 4, set. 1987.

79 (OLR)   Lisboa, 13 de fevereiro de 1969 [140]

Caríssimo Murilo,

Veja o recorte anexo.[141]

O seu suplemento tem aqui, como sabe, a maior aceitação. Como obra bem feita, feita com amor, só provoca respeito e admiração.

Ainda aqui a Maria Lúcia Lepecki.[142] Ontem participamos de uma conversa fiada sobre o intercâmbio cultural Brasil-Portugal.

Falamos muito de você outro dia, João Cabral e eu. Com saudades. Como andamos sumidos!

Você não se anima a aparecer?

Tenho recebido regularmente o *Suplemento*. Muitíssimo obrigado. Podendo, junte uma palavra contando o que há.

O Fernando promete aparecer em abril. Vamos ver. Aqui junto, em Coimbra, está o Guilhermino.[143] Prometemo-nos para um dia próximo uma vista, com papo nostálgico sobre Minas e os velhos amigos.

---

[140] OLR se muda para Lisboa, permanecendo como Adido Cultural junto à Embaixada do Brasil em Portugal de 1967 a 1969.

[141] O recorte mencionado por OLR não foi localizado.

[142] Maria Lúcia Torres Lepecki (1940-2011), crítica literária, ensaísta e professora universitária. Dedicou-se ao estudo da Literatura Portuguesa na Faculdade de Letras da Universidade de Lisboa.

[143] Guilhermino César da Silva (1908-1993), crítico literário, escritor, historiador, jornalista e professor. Foi um dos fundadores, junto com Rosário Fusco (1910-1977), Enrique de Resende (1899-1973), Ascânio Lopes (1906-1929), Christóphoro Fonte-Boa (1906-1993), Martins Mendes (1903-1980), Oswaldo Abritta (1908-1947), Camilo Soares (1909-1982) e Francisco Inácio Peixoto (1909-1986) da *Revista Verde* (1927), publicação de caráter modernista na cidade mineira de Cataguases. Também editou o tabloide *leite criôlo* (1929) em Belo Horizonte, junto com João Dornas Filho e Achiles Vivacqua. Residiu em Belo Horizonte até 1943, quando se transfere para Porto Alegre. Em 1962 muda-se para Portugal, onde assume a cadeira de Literatura Brasileira na Universidade de Coimbra. Publicou os livros *Meia-Pataca* (com Francisco Inácio Peixoto, 1928), *Sul* (1939) e *Arte de Matar* (1969), dentre outros.

O Marques Rebelo está aqui hoje. Parte sábado via Madri. Até breve e receba
o velho abraço amigo do

            Otto

Quer alguma coisa daqui? Teria prazer em ajudá-lo, se possível.

Carta assinada: "Otto"; datada: "Lisboa, 13 de fevereiro de 1969; autógrafo a tinta preta; 1 folha.

---

80 (OLR)   Lisboa, 27 de maio de 1969

Velho e querido Murilo,

Tenho recebido o *SL* com delícia. Ai que saudades!, quando vi aqui o dedicado ao nosso Emílio,[144] com aquela fotografia que alguém me disse, cruel, ser de 1879...[145] Era eu? Olhe que até melhorei... Você é que continua o mesmo, inclusive nesse afã de servir a cultura, com um entusiasmo que lhe dá o privilégio de ter sempre 20 anos: mágico Murilo, ex-mágicos somos nós, seus velhos companheiros, aposentados ou quase...

Queria pedir-lhe um favor: mandar o SL para o leitor da Universidade de Essex, meu amigo Cláudio Murilo Leal,[146] ou para a própria universidade. O endereço é assim:

---

[144] Foram dedicados dois fascículos especiais do *Suplemento Literário* ao poeta Emílio Moura: números 137 e 138, publicados em abril de 1969.

[145] Menção a fotografia que acompanha o artigo "Mineiros", de Rubem Braga, publicado no fascículo especial número 138 de 1969. Na imagem, feita em 1943, vemos da esquerda para a direita, OLR, Fernando Sabino, Paulo Mendes Campos, MR e Emílio Moura.

[146] Cláudio Murilo Leal (1937), crítico literário, poeta e professor. Lecionou Literatura Brasileira, como assistente do professor Afrânio Coutinho e, mais tarde, Literatura Hispano-Americana, na Faculdade de Letras da Universidade Federal do Rio de Janeiro. Foi também professor na Universidade

CML
University of Essex
Department of Literature Colchester
Essex – England (Inglaterra, para os Correios aí decifrarem...)

Estou tão cansado e com tanta pressa que erro a própria datilografia. Há, também em Essex, um professor português, de Moçambique, o Fernando Camacho, que acho q você conhece. Seria bom, se pudesse, mandar-lhe aquele n° sobre a prosa nova em Portugal, que aqui aliás soube?, provocou polêmica. E muitas notas, que aliás remeti a Você. Outra coisa: não conviria mandar o seu belo SL para os institutos de Estudos Luso-Brasileiros, ou para os Leitorados de Literatura Brasileira, nas Universidades estrangeiras, americanas há várias? Certamente você já faz e eu chovo no molhado...

Pois chover no molhado é renovar os protestos da minha velha e fiel amizade, com

o abraço de sempre do

Otto Lara Resende

P.S.: Muito obrigado por ter mandado os exemplares do n° dedicado a Portugal. Vai haver outro? Há muitos pedidos aqui, sempre.

Carta assinada: "Otto Lara Resende"; datada: "Lisboa, 27 de maio de 1969; autógrafo a tinta preta; 1 folha.

---

de Brasília e em outras universidades do exterior, como Essex (Inglaterra), Toulouse-Le-Mirail (França) e Complutense (Madri). Entre os vinte livros de poesia e sua produção ensaística, destacam-se a tradução da *Antologia poética* de Carlos Drummond de Andrade (Espanha 1986) e a organização do volume *Toda a poesia de Machado de Assis* (2008).

81 (MR) BELO HORIZONTE, 7 DE JULHO DE 1969

Querido Otto

Peço-lhe imensas desculpas pelo atraso em responder às suas cartas. Passei por um mau período de doenças: uma infecção da próstata que me atingiu os rins e todo o aparelho urinário e um princípio de úlcera duodenal. Estou curado da última e com a infecção controlada. Terei que fazer uma operação de próstata (de futuro, pois ela ainda não está <u>madura</u> para a intervenção cirúrgica). O pior foi o repouso forçado a que fui obrigado a cumprir, dirigindo, de casa, o *SL*. Também as dores, a febre, o diabo! Possuo hoje uma das mais belas e completas coleções de radiografias do nosso Estado!

Recebi carta do seu ilustre Embaixador, solicitando autorização para publicar em jornais de Lisboa artigos do nosso *Suplemento*. Gostaria que você explicasse a ele os motivos do meu silêncio e lhe dissesse que pode transcrever nos jornais portugueses todos os trabalhos assinados por gente nova. Evidentemente, que somente pagando direitos autorais poderá reproduzir poemas de Drummond e artigos de outros escritores profissionais. Você conhece as exceções.

Leu os meus "Comensais", publicado no *SL* de aniversário (1968)? Gostaria da sua opinião, bem como sobre "Petúnia",[147] um conto meu que sairá no aniversário deste ano (6 de setembro). Continuo produzindo pouco, mas prossigo.

Você me pergunta em uma das suas cartas se preciso de alguma coisa em Lisboa. Sim, gostaria de receber colaborações de escritores portugueses de boa categoria. Novos e velhos. Daí recebo trabalhos apenas de Ana Hatherly[148]

---

[147] Os contos "Petúnia" e "Os comensais" foram publicado pela primeira vez no livro O *convidado* (1974)

[148] Ana Hatherly (1929-2015), artista plástica, escritora e professora junto à Universidade Nova de Lisboa. Integrou o grupo da revista *Poesia*

e Rubem A..[149]

Estou enviando suplementos para cerca de quarenta intelectuais de Portugal. A lista pode ser aumentada, bastando enviar-me nomes e endereços.

O número especial dedicado à nova literatura portuguesa[150] foi recebido aí com restrições, acusando-nos de omissões. A verdade é que nele incluímos autores indicados pelos poetas Arnaldo Saraiva[151] e E. M. de Melo e Castro[152] e uns poucos que conhecíamos. Seria o caso de fazer outro, incluindo os omitidos?

Se você desejar receber um número maior de *SL*, mesmo dos que já foram publicados, basta pedir.

Chegará a Lisboa, ainda este mês, uma grande amiga minha e professora em BH: Maria José Campos.[153] Além de bom nível

---

Experimental (1964, 1966) e dirigiu as revistas *Claro-Escuro* (1988-1991) e *Incidências* (1997-1999). Sua vasta obra inclui poesia, ficção, ensaio, tradução, performance, cinema e artes plásticas. Em 1995 Hatherly doou uma coleção de 35 documentos ao Acervo de Escritores Mineiros (UFMG). Nesse montante se encontram cartas que Hatherly recebeu de escritores brasileiros, entre as quais oito cartas de Murilo Rubião.

[149] Pseudônimo literário de Ruben Alfredo Andresen Leitão (Lisboa, 1920 – Londres, 1975), crítico literário, cronista, dramaturgo, ensaísta, historiador e romancista. Foi professor no King's College em Londres entre 1947-1951 e funcionário da Embaixada do Brasil em Lisboa entre 1954-1972. Publicou, entre outros, *A Torre da Barbela* (1965), *O Outro que era Eu* (1966), *O Mundo à minha procura* (1964, 1966 e 1968) e os seis diários intitulados *Páginas* (1949, 1950, 1956, 1960, 1967 e 1970).

[150] Foram publicados dois números dedicados à literatura portuguesa produzida no *Suplemento Literário*: v. 4, n. 131, mar. 1969 e v. 4, n. 132, 1969.

[151] Arnaldo Saraiva (1939), professor universitário, crítico literário, ensaísta, cronista e poeta. Está representado na *Antologia dos poetas brasileiros - Fase Moderna*, de Manuel Bandeira e Walmir Ayala e na *Antologia da novíssima poesia portuguesa*, de Maria Alberta Menéres e E. M. de Melo e Castro.

[152] Ernesto Manuel Geraldes de Melo e Castro (1932), poeta, crítico, ensaísta, artista plástico. Foi um dos iniciadores da poesia concreta em Portugal. Participou no primeiro número da revista *Poesia experimental* (1964) e foi um dos organizadores do segundo número dessa revista (1966).

[153] Maria José Campos da Mara, professora do Departamento de Filosofia Clássica da FAFICH-UFMG.

intelectual, Zezé é uma criatura fabulosa. Bela por dentro e por fora. Ela merece todas as atenções que estiverem a seu alcance e de Helena. Tenho certeza que vocês tudo farão para ajudá-la.

Um grande e afetuoso abraço do seu velho e fiel amigo

Murilo

Carta assinada: "Murilo"; datada: "Belo Horizonte, 07-07-69"; datiloscrito; autógrafo a tinta preta; papel timbrado, apresenta os seguintes dizeres impressos: "MINAS GERAIS / SUPLEMENTO LITERÁRIO / AV. AUGUSTO DE LIMA, 270"; 2 folhas.

```
OTTO LARA RESENDE

Romancista, contista, cronista - Grande talento e
ótimo amigo.


Endereço = Rua Peri, 879 - Jardim Botânico
Telefone =


Referência = Escreveu sôbre "O Ex-Mágico" uma
              crítica excelente = "Adesão ao herói
              de nosso tempo" "O Jornal" -7-12-47
           Correspondência na pasta 52 (Uma muito
            boa sôbre os contos que, posteriormente,
            sairia nos "Dragões" e outro sôbre
           "O Coelhinho" Artigo na pasta 57 - gav. 2
```

Murilo querido,

Estou com a sua carta desde 7 de julho e ainda não lhe fiz a resposta que queria! Nem vou fazer agora, pois o que queria era bater um papo descansado, como nos velhos tempos – e como certamente você, já recuperado de saúde, espero, estará podendo fazer aí nessa belorizontina e tranquila cidade.

Faço votos para que você tenha parado, há muito, de colecionar radiografias, pois é um hobby incômodo, caro e efetivamente mórbido...

Recebo, com regularidade, os seus excelentes Suplementos, mas, quem sabe por ter estado ausente de Lisboa, quem sabe por ter me mudado de casa, perdi o seu conto "Comensais", que muito gostaria de ler. Se não é muito trabalho, veja se me despacha o exemplar do *Suplemento* que o deu. E ficaria à espera do número de setembro, onde virá "Petúnia", que já pelo nome sugere delícias rubionescas. Passarei no meu antigo endereço para ver se há lá correspondência. Em todo caso, convém que agora mande para a própria Embaixada (em meu nome, claro), segundo a direção que aparece no timbre deste papel.

O Arnaldo Saraiva está de partida para o Brasil. Queria ir a Minas. Espero que você o ajude aí, propiciando-lhe, quem sabe, uma viagem à montanha. Ele bem a merece e precisa de ajuda, pois tem pouco dinheiro e a bolsa de estudos do Itamarati é parca, modestíssima. Ele pessoalmente lhe dirá os escritores que eventualmente possam colaborar no *SL* do *MG*. De resto, dois jornais daqui publicaram nota anunciando que o seu *Suplemento* aceitava colaboração portuguesa – e até a desejava. Viu, por acaso? Não sei se lhe mandei os recortes. Distribuí intensamente o número dedicado à Nova Prosa, que deu tanto o que falar, e que, até hoje, deixou alguns ecos. Ainda ontem ouvi dizer de uma briga entre dois (ou duas) beletristas por causa da Nova Prosa... Veja você: a prosa pode ser nova, mas a natureza humana é sempre velha, antiquíssima! (Como diria o Murilo Mendes, que está aqui).

Zezé tem aparecido. Certamente lhe terá contado o "caso da mala", que abalou Lisboa mais do que qualquer niteroiense "crime da mala"... É uma boa e simpática criatura.

Helena e os meninos no Rio, estou refazendo o meu aprendizado de solidão, inclusive na máquina de morar, o que me devolve o sabor daqueles tempos cariocas, quando ambos, no Posto Seis, amparávamos, com a sua sabedoria e a minha cautela, as nossas respectivas solidões.

No mais, Murilo, o dia está lindo, as praias estão cheias e eu estou levemente entediado. Dias, praia e tédio passam. Que não passe o momento de abraçá-lo e que fique aqui, no fecho, a

velha amizade do

Otto Lara Resende

Carta assinada: "Otto Lara Resende"; datada: "Lisboa, 15 de agosto de 1969; autógrafo a tinta preta; 2 folhas.

83 (OLR)   Lisboa, 25 de setembro de 1969

Caro Murilo,

Muito obrigado pelo SL do MG, sempre bem-vindo. Os últimos que recebo são de 23 e 30 de agosto, muito bons, como sempre, com a vantagem de reencontrar velhos amigos como o Chico Iglesias,[154] o Bueno de Rivera[155] e outros. Uma coisa, porém: peço-lhe o favor de retificar o meu endereço, que agora é o seguinte:
Otto Lara Resende
Av. Rovisco Pais, 30 – 6ª Esq.
Arroios – lisboa 1 – Portugal.
Também pode ser enviado em meu nome para a Embaixada: Praça Marquês de Pombal, 1 – 4º andar.
Mais uma vez muito obrigado e receba
O velho abraço amigo de

                                                                Otto

Carta assinada: "Otto Lara Resende"; datada: "Lisboa, 25 de setembro de 1969"; autógrafo a tinta preta; 1 folha.

---

[154] Francisco Iglésias (1923-1999), historiador e professor, foi um dos grandes intelectuais brasileiros, cuja obra historiográfica se destacou, principalmente, pelos estudos sobre a história econômica e social dos séculos XIX e XX. Em 1946 juntou-se aos amigos OLR, Hélio Pellegrino, Autran Dourado, Wilson Figueiredo e outros para fundar a revista literária *Edifício*. Atuou como professor da Faculdade de Ciências Econômicas da Universidade Federal de Minas Gerais. Publicou, entre outros livros, *Política econômica do governo provincial mineiro (1958)*, *História e ideologia (1971)* e *Trajetória política do Brasil: 1500-1964 (1993)*.

[155] Odorico Bueno de Rivera Filho (1911-1982) poeta e radialista, sua poesia apresenta uma dicção surrealista. Publicou os livros *Mundo Submerso* (1944), *Luz do Pântano* (1948) e *Pasto de Pedra* (1971).

84 (MR)　　　　Belo Horizonte, 4 de outubro de 1969

Querido Otto,

Penso que não recebeu os recortes dos "Comensais" nem os de "Petúnia", pois não recebi nenhuma notícia sua sobre eles. Foram remetidos para a Embaixada, nos últimos dias de agosto.

Estou remetendo, via marítima, para o novo endereço, os *SL* do Primeiro e Segundo Aniversário, onde saíram aqueles contos.

Tive notícias suas pelo velho Lara[156] (anda em grande forma física e intelectual), que me disse que você virá brevemente a Belo Horizonte. Pediu-me sigilo quanto à sua viagem, pois você deseja encontrar com um mínimo possível de "chatos". Guardarei reserva e não será por meu intermédio que você será importunado. Mas não deixe de me telefonar, que ando saudoso dos nossos antigos papos ao vivo. Quantos anos, hein?

Só sei da sua vida e coisas pelo Dr. Israel e pelo seu pai.

Um abraço muito afetuoso do seu velho

Murilo

P.S. Mudei o seu endereço na lista do Suplemento. MR.

Carta assinada: "Murilo"; datada: "Belo Horizonte, 4/10/69"; datiloscrito; autógrafo a tinta preta; papel timbrado, apresenta os seguintes dizeres impressos: "MINAS GERAIS / SUPLEMENTO LITERÁRIO / AV. AUGUSTO DE LIMA, 270";1 folha.

---

[156] Antônio Lara Resende (1894-1988). Professor, gramático e memorialista, o pai de OLR foi o fundador da tradicional escola Instituto Padre Machado, criado em São João del-Rei em 1921 e transferido para Belo Horizonte em 1939.

Otto Lara Resende visita Murilo Rubião na redação do *Suplemento Literário de Minas Gerais*, 23 de julho de 1970.

---

85 (OLR) Lisboa, 18 de dezembro de 1969

Caro Murilo,

Aqui vai um recortezinho do *Suplemento Literário* de *A Capital*, da semana passada (4ª feira, 10). Imagino que lhe interesse – e nem sempre você receberia aí notícias que aqui aparecem e que dizem respeito ao seu trabalho, sempre da melhor qualidade.

Muito obrigado pela remessa dos *SL* do *MG*, que recebi. Tenho na minha agenda diária o lembrete para lhe fazer a carta que desejo, inclusive sobre os seus contos, de que gostei, e dos quais desejava falar com mais vagar. Mas os dias se sucedem e vou adiando o que melhor me apetecia fazer. É o diabo. Agora, por exemplo, tentando, aìnda uma vez, pôr a correspondência em dia, para entrar o Natal, senão de consciência, ao menos de gavetas limpas, dou com o recorte que aqui vai – e com o desejo frustrado de lhe fazer a carta com a necessária pachorra...

Bom, caro Murilo, estou sendo chamado para as chatices do costume, com a agravante que tenho de decidir agora, segundo me intima um telex da Varig, a vinda da Helena para o Natal.

Recebi ontem comunicação itamaratiana me amarrando a Lisboa até abril. Se não houver mudança, aqui fico, saudoso do Brasil e de Minas, para onde (Minas) espero ir, assim que voltar, pra passear uns tempos de papo para o ar. Merecerei?

Lembranças aos amigos (já viu a Zezé? com certeza!) e, para você, querido Murilo, até uma outra conversa que fica prometida, aqui vai, com os votos de feliz Natal e bom Ano Novo, o

Velho abraço muito amigo do

Otto

P.S.: Se vir o Fábio Lucas[157] e lembrando-se, dê-lhe um abraço, atrasado mas de calorosa simpatia, pelo golpe que lhe deram. Soube pelo Iglesias.

Carta assinada: "Otto"; datada: "Lisboa, 18 de dezembro de 1969"; autógrafo a tinta preta; 1 folha.

---

[157] Fábio Lucas Gomes (1931), crítico literário e professor. Participou da criação das revistas literárias *Vocação* (1951) e *Tendência* (1956), em Belo Horizonte. É autor de mais de 50 obras entre livros de crítica literária e ciências sociais, entre as quais se destacam O *caráter social da literatura brasileira* (1970), *Vanguarda, história e ideologia da literatura* (1985) e *Mineiranças* (1991). No campo da ficção, produziu o romance *A mais bela história do mundo* (1996). O golpe mencionado por OLR foi a cassação e aposentadoria de Fábio Lucas como professor da Faculdade de Ciências Econômicas da UFMG, decretada pelo regime militar, tendo por base o Ato Institucional n° 5 (AI-5).

Lisboa, 18 de dezembro de 1969.

Caro Murilo,

Aqui vai um recortezinho do Suplemento Literário de "A Capital", da semana passada (4ª feira, 10). Imagino que lhe interesse - e nem sempre V. receberá aí notícias que aqui aparecem e que dizem respeito ao seu trabalho, sempre da melhor qualidade.

Muito obrigado pela remessa dos SL do MG, que recebi. Tenho na minha agenda diária o lembrete para lhe fazer a carta que desejo, inclusive sôbre os seus contos, de que gostei, e dos quais desejava falar com mais vagar. Mas os dias se sucedem e vou adiando o que melhor me apetecia fazer. É o diabo. Agora, por exemplo, tentando, ainda uma vez, pôr a correspondência em dia, para entrar o Natal, senão de consciência, ao menos de gavetas limpas, vou com o recorte que aqui vai - e com o desejo frustrado de lhe fazer a carta com a necessária pachorra...

Bom, caro Murilo, estou sendo chamado para as chatices do costume, com a agravante que tenho de decidir agora, segundo me intima um telex da Varig, a vinda da Helena para o Natal.

Estive de fato aí em Minas, mas de passagem, coisico. Telefonei-lhe abundantemente, seu telefone não respondeu. O Toninho Drummond ficou encarregado de lhe dizer que andei a sua procura, para abraçá-lo e até para chateá-lo com o caso do Vinicius, complicadérrimo.

Recebi ontem comunicação itamaratiana me amarrando a Lisboa até abril. Se não houver mudança, aqui fico, saudoso do Brasil e de Minas, para onde (Minas) espero ir, assim que voltar, pra passar uns tempos de papo para o ar. Merecerei?

Lembranças aos amigos (já viu a Zezé? com certeza!) e, para Você, querido Murilo, até uma outra conversa que fica prometida, aqui vai, com os votos de feliz Natal e bom Ano Nôvo, o

Velho abraço muito amigo do
COA

P.S.: Se vir o Fábio Lucas e lembrando-se, dê-lhe um abraço, atrasado mas de calorosa simpatia, pelo golpe que lhe deram. Soube pelo Iglesias.

86 (OLR)　　Rio de Janeiro, 30 de setembro de 1970

Caro Murilo,

Lamentei muito não ter podido ir encontrar você, como era meu desejo. Mas só aquele encontro fortuito e rápido já me deu boa alegria: abraçá-lo e ver que você está firme, dinâmico, de uma juventude indecente!

Deixei-lhe um recado com o Acílio,[158] com quem hoje falei. Não me desinteressei do número do *SL* do *MG* sobre o nosso querido Braga.[159] Muito pelo contrário. Como aí lhe disse às pressas, sou incompetente para assumir o trabalho. Não tenho tempo, etc. Mas procurarei ajudar em tudo que estiver ao meu alcance. Assim é que estou agora em casa do nosso homenageado, para acertar com a Momi[160] a colaboração dela. Ela tem numerosas pastas com artigos do e sobre o Rubem, tem fotos, etc. Trata-se agora de escolher: será que você ou o Ildeu[161] ou um terceiro inomeado não vem ao Rio num dia próximo para deitar a vista no papelório aqui? Em último caso, eu mesmo, com a Momi, me encarrego de tocar essa parte pra diante.

O importante são os artigos. Como você sabe, quase todo mundo já escreveu sobre o Rubem. O próprio acha que não

---

[158] O advogado e jornalista Acílio Lara Resende, irmão de OLR.

[159] Rubem Braga (1913–1990), jornalista e autor de vários livros de crônicas, renovou a linguagem da crônica desde seu primeiro livro, *O conde e o passarinho* (1936). É considerado, ao lado de Carlos Drummond de Andrade, Fernando Sabino, OLR e Paulo Mendes Campos como um dos melhores cronistas da literatura brasileira moderna. Apesar dos esforços de MR e OLR, o número especial dedicado a Braga não chegou a ser publicado.

[160] Aracy Braga, irmã de Rubem Braga. Fez parte da célula mineira do Partido Comunista, onde ganhou o codinome Moema, que, mais tarde, passou a ser Momi.

[161] Ildeu Brandão (1913-1994), autor da coletânea de contos *Um míope no Zoo* (1968), que foi reeditada em 2010 pela Editora da UFMG com o acréscimo de contos inéditos deixados pelo escritor.

convém chatear por exemplo o Carlos Drummond pedindo-lhe artigo especial. Bastaria publicar um antigo, aliás o mais recente é novo: aquele da Orquídea RB,[162] por exemplo. O Paulo (MC) também tem crônica sobre o homenageado. E assim por diante. Entendo, porém, e imagino que você concorde, que o SL deva trazer artigos novos – e estou pronto a escrever o meu. O Dalton Trevisan[163] também me prometeu mandar. O Callado,[164] que já está em Paris como correspondente do JB,[165] também. E outros com quem falei e falarei. O problema é ter alguém pra cobrar, telefonar, insistir. Você sabe como isso é chato e difícil. Boa vontade há, mas o brasileiro, como lá dizia o japonês da anedota, não quer nada, não... A Momi pode ajudar nessa parte também. Mas será preciso que você faça uma carta convidando os colaboradores a comparecer e, fundamental, marcando uma data para a entrega dos artigos e até, ainda que depois reformável em último caso, também a data em que aparecerá o SL. Não acha que assim fica melhor? Quanto à participação do pessoal daí, muito importante, você saberá como movimentar a preguiça mineira. A coordenação é importante e é o que não posso fazer, infelizmente. De qualquer forma, caríssimo Murilo, aqui estou às suas ordens e procurarei responder depressa ao que for solicitado. A Momi, flor, ajudará no mais. E o próprio Rubem, cá entre nós, por trás dos bigodes está bem satisfeitinho com a justíssima homenagem que lhe devemos todos...

---

[162] Menção à crônica de Carlos Drummond de Andrade sobre Rubem Braga, intitulada, "Nasce uma orquídea", publicada no *Jornal do Brasil* em 1970.

[163] Dalton Trevisan (1925), autor de mais de 40 livros de contos, é considerado pela crítica um dos mais expressivos contistas da literatura brasileira. Nas bibliotecas de OLR e MR constam vários títulos da obra de Trevisan.

[164] Antonio Carlos Callado (1917-1997), biógrafo, contista, jornalista, romancista e teatrólogo. Entre suas obras mais importantes estão *Retrato de Portinari* (1956), *A madona de cedro* (1957), *Quarup* (1967), *Bar Don Juan* (1971), *O homem cordial e outras histórias* (1994).

[165] OLR foi colaborador do *Jornal do Brasil* em vários momentos. Contudo, não foi possível precisar as datas.

O Fernando, foguete de eficiência naquela confusão dele, está pronto a colaborar. Acaba de me telefonar neste momento. Então tá. Vamos tocar a coisa pra diante logo. E vai sair uma beleza.

Olhe: não apareci pessoalmente porque fui correndo pra ver meu pai. Você leu o livro dele?[166] É muito bom. Sou suspeito, mas leia e me diga.

Lembranças aos amigos velhos e receba
o abraço muito amigo do

Otto.

Pode me escrever para o *JB* (use o Acílio na sucursal, pra telex e telefone) ou telefonar em casa: 2.46.25.48, endereço no verso do envelope.

Carta assinada: "Otto"; datada: "Rio, 30 de set. de 1970"; datiloscrito; autógrafo a tinta preta; 1 folha.

---

87 (MR)   BELO HORIZONTE, 26 DE NOVEMBRO DE 1970

Otto, meu velho,

A demora em responder à sua carta vai por conta do seu digno sogro. Pensava em ir ao Rio em novembro, olhar pessoalmente o material do Rubem. Mandar o Ildeu, como alternativa

---

[166] OLR refere-se ao livro de *Memórias*, de Antônio de Lara Resende. O primeiro volume, *De Belo Vale ao Caraça*, é publicado em 1970, ao passo que o segundo volume, *Da Serra do Caraça a Serra do Véu da Noiva*, só será editado em 1972. No volume 1, dedicados pelo autor a MR, consta a seguinte dedicatória: "Murilo amigo, / aí está a [droga?] que / um septuagenário rabiscou / e a teimosia dos amigos fez / publicar. / Você, Murilo, está aqui / no meu coração. Sua bondade / lá o meteu. / Todo o afeto do / Antônio L. Resende". Já no volume 2, o autor escreveu: "Para o caro amigo / Murilo Rubião, / com amizade e reconheci / mento do / Lara Resende / 1º – 1 – 73".

sugerida por você, não dava, melhor seria enviar o Geraldo Boi,[167] pessoa mais ativa e menos desorganizada. Entretanto o número 5 da *Revista Minas Gerais*,[168] dedicado ao Governo Israel Pinheiro (ficou pronto dia 23 deste), deu tanta complicação que não foi possível minha viagem. Se puder, em janeiro, farei uma chegada aí. Mesmo capengando.

No momento, o que me prende em Belo Horizonte é a Fundação de Arte de Ouro Preto:[169] prestação de contas e relatório anual. Outro presente que recebi do pai de Helena...

Enquanto não viajo e o Ildeu não mata o *SL*, seria interessante que a Momi me enviasse o material já selecionado: crônicas do Drummond, Paulo, Fernando e outros, bem como as fotografias do homenageado. Das várias fases da vida dele. Sozinho e com escritores. Também com mulheres. Cartas importantes.

A parte inédita, conforme você sugere, estou pronto a escrever a todos os escritores amigos e inimigos do velho Braga. Todavia preciso de uma relação dos ditos. O lançamento do

---

[167] MR refere-se a Geraldo Araújo Fernandes, o Geraldo Boi, ex-aluno da Faculdade de Letras da UFMG, a época em que esta se situava no prédio da Rua Carangola. Ainda hoje ele é tido como figura folclórica da Belo Horizonte dos anos 1960-1970. Paulo Mendes Campos escreveu uma crônica intitulada "Geraldo Boi", encartada em seu livro *Hora do recreio*. Outro fato acerca de Fernandes consiste em ter ele servido de inspiração para Fernando Sabino elaborar o personagem Geraldo Viramundo, de *O grande mentecapto*.

[168] Entre 1969 e 1971 foram editados cinco números da *Revista Minas Gerais*. O periódico consistia em uma publicação oficial, criada no governo Israel Pinheiro e editada pela Imprensa Oficial de Minas Gerais, com a finalidade de divulgar informações sobre costumes mineiros e promover dados e estatísticas sociais acerca das políticas promovidas pelo estado. Em 1987 a publicação é retomada, sendo novamente interrompida em 1991.

[169] Criada em 1968 a partir de sugestões do poeta Vinicius de Moraes, da atriz Domitila do Amaral, do escritor Murilo Rubião e do crítico literário, poeta e historiador Affonso Ávila como espaço para produzir e absorver arte. Com vistas a oferecer à cidade de Ouro Preto um instrumento capaz de incentivar o papel de polo irradiador de cultura. O então governador de Minas Gerais, Israel Pinheiro confiou a MR a tarefa de implantar a FAOP, fato que se concluiu em 1969. O escritor permaneceu na presidência da FAOP até 1981.

número seria entre março e abril. Quem sabe o nosso Fernando não poderia dar uma ajuda, usando o telefone, arma em que ele é perito?

O resto, meu querido Otto, é este descolorido Natal, algumas rugas, uns fios de cabelo branco, bem poucos ainda, o coração desbotado e uma louca vontade de ir para aposentadoria que os meus 36 anos de serviço público já autorizam.

Abraços para Helena, Paulo, Fernando, Braga, Hélio, para você e Momi

Murilo

Carta assinada: "Murilo"; datada: "Belo Horizonte, 26/XI/70"; datiloscrito; autógrafo a tinta preta; papel timbrado, apresenta os seguintes dizeres impressos: "MINAS GERAIS / SUPLEMENTO LITERÁRIO / AV. AUGUSTO DE LIMA, 270"; 2 folhas.

---

88 (MR) BELO HORIZONTE, 14 DE DEZEMBRO DE 1971

Meu caro Otto Lara Resende,

atendendo a pedido seu, que me vem através do Acílio, devo dizer-lhe que me lembro bem de sua passagem, como Redator e Colaborador, pela *Folha de Minas*, lá pelos idos de julho de 1943 a fins de 1945.

Nessa época, como você sabe, eu me achava licenciado da *Folha*, mas sei que você por lá ficou porque, apesar de licenciado, frequentava habitualmente a Redação do jornal.

À inteira disposição, aqui fica o abraço do velho amigo

Murilo Rubião

Carta assinada: "Murilo Rubião"; datada: "Belo Horizonte, 14 de dezembro de 1971"; datiloscrito; autógrafo a tinta azul.

89 (OLR) Rio de Janeiro, 04 de fevereiro de 1975

RECEBI CONVIDADO[170] CUJA EXISTÊNCIA VERIFICO PRAZEROSA-
MENTE PT
REENCONTRO MAGNÍFICO EM LIVRO PT GRATÍSSIMO AMBA
/ LISONJEIRAS DEDICATÓRIA PT
ABRAÇOS

OTTO LARA RESENDE

---

[170] O livro O *convidado*, de MR, é publicado em 1974. No exemplar dedicado a OLR consta a dedicatória: "Aos queridos amigos / Otto e Helena / com o abraço muito / afetuoso / do / Murilo / Belo Horizonte, janeiro de 75". O comentário de OLR ("Recebi Convidado cuja existência verifico prazerosamente") faz alusão à crônica de Paulo Mendes Campos "Um conto em 26 anos", publicada pela primeira vez na R*evista Manchete* de 8 de maio de 1971, incluída postumamente no livro *O mais estranho dos países*, de 2012. No texto, Campos relata a circunstância em que MR inicia a composição do conto "O convidado". Segundo o cronista, estando em São Paulo, em 1945, por ocasião do Primeiro Congresso Brasileiro de Escritores, ele divide um quarto de hotel com MR. Após festa na casa do pintor Lasar Segall, MR teria passado uma noite inteira em claro dentro do quarto, na tentativa de escrever a narrativa. Conforme o relato de Campos, na manhã seguinte, "Sobre a mesa pousava apenas uma folha de papel azulado; o resto do bloco estava rabiscado e atulhado dentro da cesta. No alto do papel vinha escrito: *O convidado*. Abaixo: "Conto de Murilo Rubião". Dez linhas riscadas, ilegíveis. Depois, assim (fim do conto: o convidado não existe)".

Murilo Rubião
Av. Augusto de Lima 270
Suplemento Literário
B. Horizonte MG

Telegrama: "OTTO LARA RESENDE" *[assinatura a máquina]; impresso* "TELEX-ECT"; *carimbo apagado; 1 folha.*

90 (OLR) [Rio de Janeiro], 5 de março de 1975

ESTIMULADO TANTANTOS [SIC] SERVIÇOS VOCÊ JÁ PRESTOU CULTURA VOCÊ / VENHO SUGERIR REIMPRESSÃO SE POSSÍVEL FAC-SIMILAR NÚMEROS PUBLICAÇÃO / A REVISTA [171] QUE ESTÁ FAZENDO CINQUENTA ANOS PT VOCÊ ENCONTRA / RÁ JEITO VALORIZAR COMEMORAÇÃO COM DEPOIMENTOS DRUMMOND [172] VG / NAVA [173] VG OUTROS CONSIDERE IMPORTANES PT ABRAÇOS

OTTO LARA RESENDE

Escritor Murilo Rubião
Imprensa Oficial
Suplemento Literário
Av. Augusto de Lima 270
Belo Horizonte
MG

Telegrama: "OTTO LARA RESENDE" *[assinatura a máquina]; impresso* "TELEX-ECT"; *carimbo apagado; 1 folha.*

---

[171] Referência ao periódico modernista *A Revista*. Editado por Carlos Drummond de Andrade, Emílio Moura, Francisco Martins de Almeida e Gregoriano Canedo em Belo Horizonte, em julho e agosto de 1925 e janeiro de 1926, a publicação, apesar da curta duração, exerceu grande impacto na vida literária da cidade, colocando-a no mapa literário da república das letras brasileira. Em 1978 o bibliófilo José Mindlin levaria a cabo a proposta de OLR de uma edição fac-similar da publicação.

[172] Carlos Drummond de Andrade.

[173] Pedro Nava.

91 (OLR) RIO DE JANEIRO, 22 DE JULHO DE 1976

Murilo:

Andamos sumidos um do outro; mas próximos. Tenho acompanhado o seu êxito. Aqui vai a cópia, não revista, de uma carta do Mário,[174] que fala de você. Pensei em publicá-la: valerá a pena?
Abraço do velho amigo e *roommate, ou flatmate*,[175]

Otto

Carta assinada: "Otto"; datada: "22.7.71976, Rio"; autógrafo a tinta azul; papel timbrado, apresenta os seguintes dizeres impressos: "REDE GLOBO / LOGOMARCA DA REDE GLOGO / OTTO LARA RESENDE"; 1 folha.

---

[174] A carta de Mário de Andrade a OLR, enviada em 24/09/1944, foi publicada no *Suplemento Literário*, v. 11, n. 522, p. 6-7, set. 1976, com o título "Mário de Andrade: depoimento sobre a geração mineira da década dos 40". Reproduzo a seguir o trecho em que o autor de *Macunaíma* se refere a MR: "Na verdade, Otto, vocês formam um grupo extraordinário dentre os grupos de moços que conheço no Brasil. Falo exatamente do que me pareceu ser o grupo, você, o Hélio [Pellegrino], o Paulo [Mendes Campos], o Fernando [Sabino], não sei até que ponto o Figueiró [Wilson Figueiredo], e com a presença perfeita, a ante-presença do Emílio [Moura]. Os outros são muito moços, sensivelmente 'outra geração' menos na idade que pelo deslumbramento em que ainda vivem no aprendizado da vida, o Sábato [Magaldi], o Frederico, Geraldo [Santos Pereira], Renato [Santos Pereira], etc. E há também os outros, como um Alphonsus [de Guimaraens Filho], por exemplo, que são, em relação ao grupo, distantes. E há o Murilo, pra enriquecer o grupo com um "caso". O Murilo é o caso do grupo. O mais assentado do grupo, mas sem ter o "assentamento" mais firme de você; o mais grato da gente sentir, o mais cômodo, figura admirável de discrição, que disfarça o seu drama interior no drama mais acessível da sua dificuldade de criação, inteligentíssimo, perseguido pela própria inteligência".

[175] Expressões que significam "companheiro de quarto" e "companheiro de apartamento".

AS POMPAS DO MUNDO

Velho Murilo,
 aqui vou eu,
com a admiração
e a amizade
 velhíssimas.

CarlosD[rummond]

Rio, 6.XI.75.

92 (OLR)　　　　　　Rio de Janeiro, 8 de março de 1983

SENHOR
MURILO RUBIÃO
SUPLEMENTO LITERÁRIO
RUA DO OURO 77/204 SERRA
BELO HORIZONTE

AFETUOSOS CUMPRIMENTOS SUA FELIZ ESCOLHA VOLTA
SERVIÇO CULTURA NO GOVERNO.

ABRAÇOS
OTTO LARA RESENDE

Rascunho de telegrama: "OTTO LARA RESENDE" [assinatura a máquina]; datado: "Teleg 08383"; datiloscrito a tinta vermelha; 1 folha.

---

93 (MR)　　　　　　Belo Horizonte, 22 de dezembro 1983

COM OS CUMPRIMENTOS DO MURILO RUBIÃO, DIRETOR DA
IMPRENSA DO ESTADO DE MINAS GERAIS

Bilhete assinado: "Murilo Rubião"; datado: "Belo Horizonte, 22/XII/83"; autógrafo a tinta preta; cartão de visita; o cartão apresenta os seguintes dizeres impressos: "MURILO RUBIÃO / DIRETOR DA IMPRENSA DO ESTADO DE MINAS GERAIS".

---

94 (MR)　　　　　　　　　　Belo Horizonte, 1983

AGRADEÇO SEU ATENCIOSO TELEGRAMA
ET FICO A SUA DISPOSIÇÃO NA IMPRENSA
ET NO SUPLEMENTO LITERÁRIO
MURILO RUBIÃO

Telegrama: "Murilo Rubião" [assinatura a máquina]; datado "Belo Horizonte, 1983"; impresso "TELEX-ECT"; carimbo apagado, no qual se lê local e ano de postagem.

95 (MR) BELO HORIZONTE, 28 DE AGOSTO DE 1991

MEU AFETUOSO ABRAÇO CONDOLÊNCIAS FALECIMENTO QUERIDA MAE PT

MURILO

Telegrama: "Murilo" [assinatura a máquina]: datado: "28 ago. 1991"; impresso "TELEX-ECT"; Anotação autógrafa de OLR a tinta preta: "Estava escrevendo hoje, 16 de set. de 1991, 2ª feira, um cartão ao Murilo, quando o FS [Fernando Sabino] telefonou e anunciou a morte dele MR"; carimbo.

PERFIS BIOGRÁFICOS

Murilo Rubião, sem local e sem data.

Murilo Rubião (Murilo Eugênio Rubião), Silvestre Ferraz (atual Carmo de Minas), MG, 1º de junho de 1916 – Belo Horizonte, 16 de setembro de 1991.

Advogado, funcionário público e jornalista, Murilo Rubião se tornou conhecido como contista, sendo considerado pela crítica literária brasileira e internacional como o precursor do realismo fantástico (ou mágico) latino-americano.

Filho do filólogo, jornalista, poeta e professor Eugênio Álvares Rubião e de Maria Antonieta Ferreira Rubião. Murilo fez seus primeiros estudos em Conceição do Rio Verde e Passa Quatro. Muda-se para Belo Horizonte, onde conclui o primário no Grupo Escolar Afonso Pena, o ginasial no Colégio Arnaldo e o bacharelado em Direito na Faculdade de Direito em Belo Horizonte (1942).

A atividade na imprensa, como redator da *Folha de Minas*, inicia-se na época da faculdade, quando funda em 1939, com um grupo de estudantes, a revista *Tentativa*. Posteriormente, exerceu a função de redator da *Folha de Minas* e das revistas *Bello Horizonte* e *Mensagem*.

Em 1943 assume a direção da Rádio Inconfidência de Minas Gerais e, fato pouco conhecido, trabalha como professor nos colégios Sagrado Coração de Jesus e Arnaldo. Dois anos mais tarde (1945), Murilo é eleito vice-presidente da Associação Brasileira de Escritores (seção de Minas Gerais) e chefia a delegação mineira no 1º Congresso de Escritores, realizado em janeiro de 1945, em São Paulo. Muda-se para o Rio de Janeiro em 1949, a fim de trabalhar como chefe da seção de documentação da comissão do Vale do São Francisco. Retorna a Belo Horizonte em 1950, convidado pelo Governador de Minas Gerais, Juscelino Kubitscheck, para assumir a função de oficial de gabinete, passando logo a chefe de gabinete. No mesmo ano é designado Diretor interino da Imprensa Oficial e do jornal *Folha de Minas*.

Entre 1956 e 1960, exerceu os cargos de Chefe do Escritório de Propaganda e Expansão Comercial do Brasil em Madri e de Adido Cultural junto à Embaixada do Brasil na Espanha. De regresso ao Brasil, reassume suas funções de Assessor Técnico-Administrativo do Estado de Minas Gerais, sendo designado, em 1961, para a redação do jornal oficial do Estado, o *Minas Gerais*. Em 1966, Murilo é designado pelo governador Israel Pinheiro para organizar o *Suplemento Literário de Minas Gerais*, publicação que dirige até 1969 – quando assume a chefia do Departamento de Publicações da Imprensa Oficial. Até os dias de hoje o *Suplemento* é tido como um dos melhores órgãos de imprensa cultural do país, sendo reconhecido internacionalmente por seu trabalho de difusão e mediação cultural. Em suas páginas foram editados trabalhos de Carlos Drummond de Andrade, Pedro Nava, Emílio Moura, Abgar Renault, Roberto Drummond, Adão Ventura, Laís Corrêa de Araújo, Affonso Ávila, Julio Cortázar e Ana Hatherly, entre outros grandes nomes da literatura brasileira e estrangeira.

Entre os vários cargos públicos que Murilo Rubião ocupou, cabe destacar os seguintes: Diretor do Serviço de Radiodifusão do Estado de Minas Gerais, Superintendente da Secretaria de Saúde de Minas Gerais, Diretor da Imprensa Oficial de Minas Gerais, Diretor da Escola de Belas Artes de Belo Horizonte (Escola Guignard), Diretor da Fundação de Arte de Ouro Preto (FAOP), Presidente da Fundação Madrigal Renascentista e Presidente do Conselho Estadual de Cultura de Minas Gerais.

Por sua obra literária, Murilo Rubião recebeu o Prêmio Othon Lynch Bezerra de Mello (1948), conferido pela Academia Mineira de Letras e o Prêmio Luísa Cláudio de Sousa (1975), do Pen Clube do Brasil. Murilo recebeu, também, as seguintes condecorações: comenda Isabela, a Católica, do Governo Espanhol (1960), medalha da Ordem do Mérito Legislativo da Assembleia Legislativa do Estado de Minas Gerais e Medalha de Honra da Inconfidência (1983).

Além disso, Murilo teve seus contos traduzidos e publicados em diversos países, como Alemanha, Argentina, Bulgária, Canadá, Colômbia, Espanha, Estados Unidos, França, Itália, México, Noruega, Polônia, Portugal, República Tcheca e Venezuela. Desde a década de 1970 até o presente, alguns de seus contos vêm sendo adaptados para o cinema ("A Armadilha", "O pirotécnico Zacarias", "O ex-mágico da Taberna Minhota" e "O bloqueio") e para o teatro – "*A lua*", "*Bárbara*", "*Os três nomes de Godofredo*", "Memórias do contabilista Pedro Inácio" e "O ex-mágico da Taberna Minhota".

Seus documentos pessoais (correspondência, fotografias, manuscritos e objetos pessoais) e sua biblioteca pessoal foram doados por sua família para o Acervo de Escritores Mineiros, sediado na Universidade Federal de Minas Gerais, em Belo Horizonte, onde se encontram disponíveis para consulta.

Sua obra é constituída pelos livros: *O ex-mágico* (1947); *A estrela vermelha* (1953); *Os dragões e outros contos* (1965); *O pirotécnico Zacarias* (1974); *O convidado* (1974); *A casa do girassol vermelho* (1978); *O homem do boné cinzento e outras histórias* (1990). Postumamente, foram publicados os volumes *Mário e o pirotécnico aprendiz – cartas de Mário de Andrade e Murilo Rubião* (organizado por Marcos Antônio de Moraes, 1995) e *Contos reunidos* (1998).

Otto Lara Resende em visita a redação do *Suplemento Literário de Minas Gerais*, 23 de julho de 1970.

OTTO LARA RESENDE (Otto Oliveira de Lara Resende), São João del-Rei, MG, 1º de maio de 1922 – Rio de Janeiro, 28 de dezembro de 1992.

Filho do professor Antônio Lara Resende e de Maria Julieta de Oliveira Lara Resende, Otto Lara Resende foi contista, cronista, jornalista, novelista e romancista.

Fez os estudos primários no Instituto Padre Machado, em São João Del Rei, instituição fundada e dirigida por seu pai. Muda-se com a família para Belo Horizonte em 1938, por motivo da inauguração do Instituto Padre Machado, escola em que ensinará Português, Francês e História de 1940 a 1945.

Na capital mineira Otto Lara Resende inicia sua carreira como jornalista no jornal católico O *Diário*. Ao longo de sua vida, Otto Lara Resende exerceu as funções de repórter, redator e editorialista em diversos jornais. Em Belo Horizonte, trabalhou na *Folha de Minas*, juntamente com Fernando Sabino e Murilo Rubião. No Rio de Janeiro, foi repórter nos veículos *Diário de Notícias*, *Última Hora*, *Flan*, *Manchete*, *O Globo*, *Diário Carioca*, *Correio da Manhã*, e *Jornal do Brasil*. Sua última colaboração na imprensa foi na *Folha de São Paulo* – jornal em que publicou mais de 600 crônicas em dois anos.

Ainda em Belo Horizonte, torna-se amigo de João Etienne Filho, por meio de quem conhece Paulo Mendes Campos (1922-1991), Fernando Sabino (1923-2004) e Hélio Pellegrino (1924-1988) – os "quatro cavaleiros de um íntimo apocalipse". Esta amizade, que se estenderá até o fim da vida, se encontra registrada no romance de Sabino O *encontro marcado* (1956). Em 1941 ingressa na Faculdade de Ciências Jurídicas da Universidade de Minas Gerais (atual Faculdade de Direito da UFMG), formando-se em 1945. Ainda na década de 1940, juntamente com Hélio Pellegrino, Otto lança o jornal diário *Liberdade*, órgão de oposição ao Estado Novo que circulará de março a dezembro de 1945.

Já formado em Direito, muda-se para o Rio de Janeiro, onde trabalha como jornalista e funcionário público. Na capital carioca participa, em 1949, da fundação do *Jornal de Letras*, onde assinará a coluna "Correio Literário" com o pseudônimo de Joaquim Leonel (nome de um tio-avô). Em 1950 Otto se casa com Helena Uchoa Pinheiro (filha do Governador de Minas Gerais Israel Pinheiro). Muda-se em 1957 para Bruxelas, na Bélgica, país em que reside por três anos na condição de Professor de Estudos Brasileiros e Adido Cultural, em substituição ao poeta Murilo Mendes.

Na década de 1960, Otto faz parte da Embaixada do Brasil em Lisboa, de 1967 a 1970, na qualidade de Conselheiro Cultural. De volta ao Rio de Janeiro, assume a direção do *Jornal do Brasil*, exercida até o ano de 1973. Fato pouco conhecido é que Otto Lara Resende foi um dos fundadores da Rede Globo de Televisão, onde, posteriormente, exerceu a função de diretor-adjunto, cargo que ocupará de 1974 a 1983. Ainda na TV Globo, manteve o programa diário *O pequeno mundo de Otto Lara Resende*, no qual entrevistou personalidades como Pedro Nava, Nelson Rodrigues e Vinicius de Moraes, entre outras. Em 1979 é eleito membro da Academia Brasileira de Letras.

Em 1998 o acervo de Otto Lara Resende (constituído por livros, manuscritos, correspondências e fotografias) foi doado por sua família ao Instituto Moreira Salles, no Rio de Janeiro.

A obra de Otto Lara Resende é constituída pelos livros *O lado humano* (contos, 1952), *Boca do Inferno* (contos, 1957, reeditado em 2014), *O retrato na gaveta* (contos e novelas, 1962), *O braço direito* (romance, 1964), "A cilada" (conto incluído no livro *Os sete pecados capitais*, 1965), *As pompas do mundo* (contos, 1975), *O elo partido e outras histórias* (crônicas, 1991). Postumamente, foram publicados os volumes *Bom dia para nascer* (crônicas, 1993, reeditado em 2011), *O príncipe e o sabiá e outros perfis* (crônicas, 1994), *A testemunha silenciosa* (novela, 1995 e 2012), além da coletânea de textos inéditos *Três Ottos por Otto Lara Resende* (202).

Da esquerda para a direita: Otto Lara Resende, Aires da Mata Machado Filho, Alphonsus de Guimaraens Filho, Hélio Pellegrino, José Aparecido de Oliveira, Murilo Rubião, Álvaro José de Oliveira (atrás de Murilo), Paulo Mendes Campos, José de Araújo Cotta e J. D. Vital. Homenagem organizada pela Assessoria de Imprensa do Governo de Minas a Murilo Rubião, no Minas Tênis Clube. Belo Horizonte, 06/10/1984.

ANEXOS

Ausência[176]

(para *Tentativa*)
Murilo Rubião

Para que fugir se me acompanhará sempre a minha sombra?
se nunca encontrarei na solidão dos caminhos o silêncio!
Por todos os lugares, em toda a minha inútil existência
o eco da minha voz, a tortura do meu pensamento,
estarão onde eu for, mostrando-me o passado de que não
posso fugir.
Verei nos lírios entornados à beira das estradas
a imagem de duas brancas mãos que um dia me acariciaram;
sentirei no crepúsculo sanguíneo das tardes exangues
os lábios que me sussurravam ao ouvido,
os lábios que não cansava de beijar.
Em tudo que eu pensar, em tudo que pousar meus olhos,
verei projetado, como uma sombra enorme,
a cobrir o meu corpo cansado de caminhar
um rosto de mulher, o rosto de minha amada!
E na tortura de alcançá-la nos meus sonhos impossíveis
eu a procurarei nos astros, na tranquilidade dos campos;
buscarei com os braços fatigados a sua visão fugidia...
E encontrarei apenas a minha voz angustiada,
os meus olhos extenuados pela procura da luz perdida,
a recordação pungente de um sentimento sempre revivido,
a minha dor imensa cobrindo as estradas
cheias de lírios, de silêncio, de luar...

---

[176] Poema publicado no número 8 da revista literária *Tentativa* (Belo Horizonte, novembro de 1939), publicação da qual Murilo fazia parte como redator (Fonte: Acervo Murilo Rubião / Acervo de Escritores Mineiros / Centro de Estudos Literários e Culturais / UFMG).

Literária

"Convidando uma geração a depor" [177]

OTTO LARA RESENDE OU A AMARGURA CRIADORA – Hoje é o dia de Otto Lara Resende. Bem pensada, bem viva e vem sentida esta resposta. Como tudo, aliás, que sai das mãos dele e que traz a marca desta amargura criadora, desta solidão fecunda em que vive e age. É Otto Lara Resende um dos exemplares típicos de nossa geração, motivo pelo qual o seu nome se imporia, em qualquer hipótese, num inquérito deste. É o que faço, com prazer e certa glória.

Etienne,

Vão as minhas respostas ao seu inquérito. São respostas concisas, como certamente convém. Espero que elas não estejam muito longe do que pretendi exprimir, desde que não é possível dizer tudo o que seria preciso dizer.

Por que escreve?

Escrever é bem mais do que uma profissão. É uma busca de solidariedade humana. É um ato de amor. Crentes ou céticos, no fundo, os escritores nada mais querem do que fugir à sua solidão, ou, para dizer melhor: comunicar a outrem o resultado de sua solidão interior. Sabe-se que o artista é um solitário. Mas o "estar sozinho" do escritor não implica no afastamento do comum dos homens, não exclui a ânsia de comunicação, sempre viva e transbordante no verdadeiro artista. As aparências podem dizer o contrário. Mas as aparências não são a realidade. Mesmo aqueles escritores que confessam o seu desprezo ou o

---

[177] Texto publicado no jornal *O Diário*, de Belo Horizonte, em 10/06/1943 (Fonte: Acervo Murilo Rubião / Acervo de Escritores Mineiros / Centro de Estudos Literários e Culturais / UFMG).

seu ódio pela humanidade não são senão grandes amorosos: são amorosos desesperados. A arte é uma autêntica vocação para a santidade. Ela não é, pois, "uma" vocação, mas sim "a" vocação. Só se entregam a ela os que são realmente chamados, os que sentem em si o apelo a que não se pode fugir, sob pena de traição. Custe o que custar, o escritor há de ser sempre um escritor. Não há aqui vocações falhadas. Porque a vocação literária é uma fatalidade a que não escapam os que a possuem: nasce-se com ela e, por mais que se faça ou que façam, não se consegue driblá-la. Está no sangue. E ninguém pode negar o próprio sangue. Escreve-se, pois, antes de tudo, em obediência a uma vocação que nos possui todo inteiro. É certo que pode haver outros motivos capazes de levar-nos a escrever. Mas serão motivos fúteis, acidentais, que nem por isso desmentem a razão primeira que atira o escritor à literatura: a vocação.

Crê numa função superior da literatura?

A literatura não se prende irremediavelmente a um caminho, não se dirige por um determinado rumo para atingir essa ou aquela função. Sabemo-la uma atividade desinteressada, que se exterioriza em consequência de uma irresistível necessidade interior. Isto traz-lhe o seu inegável caráter de sinceridade, que é o que torna a obra literária palpitante de calor humano. Ela é confissão, é crítica, é depoimento, é protesto, é adesão, é o próprio homem, tomado na sua complexidade de sentimentos. Por isto, ela agita, fere, revolta, emociona, aquece. Ninguém, diante de uma verdadeira obra literária, pode conservar-se indiferente. A literatura, humana que é, destina-se ao homem e sobre [ ].[178] Nisto, nesta influência que ela exerce sobre o homem e sobre os homens, é que se revela a sua função superior. A literatura não tem a missão de regenerar o mundo, de salvar a humanidade. Nem tão

---

[178] Este trecho se encontra ilegível, uma vez que esta parte do recorte conservado por Rubião está rasgada.

pouco, é certo, a missão de perdê-la. Mas ela ainda é uma das atividades nobres do homem-imagem-de-Deus. É, como fixadora de emoções, uma manifestação do espírito, e está investida de grande nobreza e dignidade. Como não terá então a literatura uma função superior? Agora, para que essa função se manifeste em toda sua plenitude, é preciso que o meio em que a literatura se desenvolve possua determinados elementos de recepção. É mister um certo ambiente, que se consegue com a "educação" de leitores. No Brasil, a literatura, que caminhou a passos largos de alguns anos para cá, não tem ainda o papel que deveria e precisaria ter. A sua função não é a que seria, se o ambiente fosse mais adequado. Mas, mesmo assim, não se pode negar à literatura brasileira, como à literatura em geral, à literatura assim sem restritivo, uma alta e nobre função, uma autêntica função superior.

Que acha da sua geração diante do mundo atual?

A minha geração, nascida entre duas guerras, limitada por duas catástrofes, não poderia deixar de ser uma geração sacrificada, oprimida. A época de transição em que vivemos reflete-se, mais do que em qualquer outra, sobre a geração que hoje tem 20 anos. O tempo atual não admite que se seja moço como despreocupadamente se deveria ser nessa idade. Por isso, somos precocemente envelhecidos e não temos a romântica noção de que estamos "na primavera da vida". A atitude de expectativa que nos cerca de certa maneira nos imobiliza. Receia-se começar numa época que tudo acaba! Mas – suponho – à minha geração não falta a necessária coragem para viver num tempo como este. Afinal, isto bem que pode ser uma honra, como é um pesado encargo participar da reconstrução de um novo mundo. De um novo mundo que certamente virá, pois que as situações, felizmente, não são eternas. Felizmente!

Até aqui falou Otto Lara Resende.

J. E. F.

Literária

"Convidando uma geração a depor" [179]

MURILO RUBIÃO – Já uma vez eu disse de Murilo Rubião que era um poeta em busca de expressão (rimou, mas é verdade). Murilo deixou os versos e faz poesia em contos. Escreve muito e publica pouco, o que é um bom sinal. Marques Rebelo, autoridade no assunto, acha-o um dos grandes contistas do Brasil. Creio no valor de Murilo Rubião. Não tenho intuito de mostrar outra coisa, convidando-o a um inquérito em que o seu ceticismo, seu coração generoso e sua vocação literária podem dar testemunho dele mesmo, do nosso tempo e da nossa geração.

Meu caro Etienne,

Francamente, tenho horror a depoimentos. Não porque deseje ser superior aos outros, ou considere esta uma forma de cretinice. Pode ser, pode não ser. O que me repugna nos depoimentos está menos neles que em mim. Sempre que sou chamado

---

[179] Texto publicado no jornal O *Diário*, de Belo Horizonte, em 15/06/1943. Esta publicação faz parte da enquete "Convidando uma geração a depor", formulado pelo jornalista João Etienne Filho, responsável pela coluna "Literária" do jornal. A proposta de Etienne, conforme ele apresenta no artigo que dá início consistia em reunir o testemunho de "alguns moços de Minas, alguns que não chegaram ainda aos 30 anos", a fim de traçar o esquema dos valores que norteavam as concepções de literatura e como pensavam as questões políticas e sociais de seu tempo. No arquivo de Murilo Rubião constam 16 recortes do inquérito, publicados entre 01/06/1943 e 01/07/1943, nos quais figuram os seguintes depoentes: João Etienne Filho, Murilo Rubião, Otto Lara Resende, Fernando Sabino, Paulo Mendes Campos, Hélio Pellegrino, Ildeu Brandão, Alphonsus de Guimaraens Filho, Fritz Teixeira de Salles, João Camillo de Oliveira Torres, Daniel Antipoff, Wilton Cardoso, Wilson Castelo Branco, Francisco Soares de Melo, Pedro Enout, Clemente Luz (Fonte: Acervo Murilo Rubião / Acervo de Escritores Mineiros / Centro de Estudos Literários e Culturais / UFMG).

a "depor" – e, graças a Deus, têm sido poucas as vezes –, fico aterrorizado à ideia de parecer enfático ou revelar coisas que só a mim interessam. Infelizmente, o demônio de opinar é mais forte que minhas pobres objeções. Por isso, respondo às suas perguntas: escrevo simplesmente porque não tenho nenhuma vocação para compositor, cantor de rádio, pianista, pintor de paredes ou criador de zebu. Nunca me torturaram as razões que me levaram a escrever. O que às vezes me perturba e intriga é o motivo por que continuo escrevendo. Se me custa tanto! Se tantos são os obstáculos a vencer e quase impossível traduzir em palavras esse mundo de coisas maravilhosas que cada um traz dentro de si.

A minha segunda pergunta é: "Crê numa função superior da literatura?" Murilo Rubião responde-a assim:

A razão que nos faz prosseguir nesse áspero caminho deve ser justamente essa função superior da Literatura, na qual você me pergunta se acredito. Literatura não é diversão, ou refúgio contra pretensas incompreensões ou misérias do mundo. Há no homem uma necessidade invencível de comunicar-se com os seus semelhantes. E, para isso, a Natureza dá a cada um o instrumento adequado: a música, a palavra escrita, o pincel ou apenas a voz. Desgraçado daquele a quem não foi dado um instrumento de comunicação, ou desprezou o que lhe ofereceram, para escolher uma desafinada flauta de taquara!

Sobre a posição da nossa geração diante do mundo de hoje, é esta a opinião do "depoente":

A nossa posição diante do mundo de hoje é a mesma de todas as gerações que compartilharam conosco estes tremendos dias de guerra: uma posição de combate. Todos aqueles que se isolarem, ou não tiverem consciência do perigo que o fascismo ou qualquer outro inimigo da liberdade representa para os povos livres, devem ser considerados como os nossos piores adversários. Não temos o direito de compreender nem de desculpar a indiferença. Nem, tão pouco, nos devemos deixar imbuir por falsos temores, ou empenharmos em discussões estéreis sobre o que será o mundo de após guerra. A humanidade existe apenas para que combatamos para a restauração dos princípios básicos da Democracia. E, depois, que direito temos de afirmar que o mundo de amanhã será desse ou de outro modo? Se o mais digno é pensar-se que, quando chegar a época de reconstruir o mundo, já de muito estaremos mortos nos campos de batalha.

Um abraço do
        Murilo Rubião.
                                          J. E. F.

"Posso garantir, no entanto, que todos somos uns bons rapazes. É a única coisa de que estou certo" [180]

Otto Lara Resende

Como situa você sua geração?

Quando se faz uma pergunta, é que se deseja uma resposta. Mas nem sempre as respostas podem ser dadas de maneira decidida e categórica. Esta, por exemplo, que a revista *Edifício* me põe diante dos olhos é das que sugerem um sem número de subterfúgios, de caminhos escusos e fugidios. Haveria que conceituar primeiro o que seja *geração* e depois procurar enxergar com nitidez o que poderá ser a *minha* geração. Suponhamos que sejam – e não há duvidar que são – esses rapazes pouco mais moços ou pouco mais velhos que eu que me telefonam, me encontram pelos cafés, companheiros na aceitação lúcida das madrugadas lentas e frias, quando as conversas só não assustam gatos e fantasmas porque roçam quase sempre a confidência. É evidente que fica assim muito restrito o conceito de geração. Mas que sei eu? Ainda

---

[180] Texto veiculado no segundo número da revista *Edifício* (Belo Horizonte, n. 2, p. 42-44, 1946). Publicada por Wilson Figueiredo (secretário), Autran Dourado (redator-chefe), Francisco Iglésias, Sábato Magaldi, Pedro Paulo Ernesto, Edmur Fonseca e Walter Andrade (redatores), *Edifício* teve quatro números, editados entre janeiro e julho de 1946. A peculiaridade deste número, considerado pela crítica como sendo importante documento sobre a vida literária do período, consiste em apresentar 21 depoimentos de jovens escritores e intelectuais que ainda não haviam publicado livros – à exceção de Fernando Sabino. Incluem-se, nesta lista, Otto Lara Resende, Hélio Pellegrino, Fernando Sabino, João Etienne Filho, Amaro Xisto Wilson Figueiredo, Autran Dourado, Francisco Iglésias, Sábato Magaldi, Edmur Fonseca, Walter Andrade, Pedro Paulo Ernesto (pseudônimo de José Augusto Pereira Zeka), Morse Belém Teixeira, Marco Antonio Tavares Coelho, José Geraldo e José Renato Santos Pereira, Francisco Pontes de Paula Lima, José Bento Teixeira de Salles, Pedro Giannetti, Otávio Alvarenga, Lucy Teixeira e Vanessa Netto. No Acervo Murilo Rubião há uma encadernação em xerox, reunindo os quatro números da publicação.

restringindo dessa maneira, não me parece fácil definir a posição desses moços (e estou considerando apenas aqueles em que vejo a mesma preocupação literária que me absorve).

A nossa geração surgiu para o mundo lugar-comumente num momento difícil. É claro que esse mundo – fim de uma civilização – se reflete em nós, com todas as suas incertezas e inseguranças. E se reflete, com isso, exigindo de nós, incertos e inseguros, uma definição diante da vida. Sofremos todos a ação do mesmo agente, mas reagimos diferentemente. Como então situar a geração? Adjetivá-la simplesmente será não apanhá-la tal como é, em toda sua plenitude. Há, na verdade, traços comuns, que nos ligam, a todos, ainda os mais adversários.

Entre esses traços, posso apontar uma séria preocupação pelos homens e pelas coisas, por um provável mundo de amanhã, que, com exceção de pouquíssimos que preferem ainda a gratuidade meramente literária, nos incomoda a todos. Fazendo de alguns rapazes uns graves cidadãos interessados no drama político e humano da Indonésia ou da China. Nesse sentido, nos universalizamos tal como não fizeram gerações anteriores à nossa. Estamos bojudos de generosidade e boa vontade, nobres, sem dúvida, e não raro a conversa nos cafés toma aspectos de salvação iminente do mundo. Mas, por outro lado, esses mesmos rapazes se dispersam e se gastam sem muito fruto, se os vejo sob o prisma da literatura apenas. No entanto, que é a literatura?

A palavra talvez tenha sido desvalorizada pela minha geração, tão irônicos e tão sérios somos nós. De qualquer maneira, por mais politizados ou economistizados que estejamos, não posso dizer que a literatura já não nos interessa, sem cometer uma grave injustiça. Os rapazes ainda leem Gide e comentam Kafka, Joyce ainda é possível, as *Cinco elegias*[181] ainda são belas, e na *Rosa do povo* de Carlos Drummond talvez vejam mais a rosa do que o povo...

---

[181] Título de livro publicado por Vinícius de Moraes em 1943.

Literariamente – para dizer sem rodeios –, acho a minha geração meio sacrificada. Muitas coisas lhe acenam e ela vai conversando fiado, na franja de um provável "mundo novo". Não posso prever nada do que ela dará, mesmo porque aqui sou um tanto pessimista.

Posso garantir, no entanto, que todos somos uns bons rapazes. É a única coisa de que estou certo. Prefiro então afirmar singelamente essa certeza a me perder em pedantes alturas filosofais, que alguns de nós – tão irônicos, vejam! – facilmente viajam... Bons sujeitos que são.

Quais as modificações que julga necessárias para a estruturação política do mundo de amanhã?

Sei que o mundo de hoje anda errado. Portanto, é preciso modificá-lo. Dinamitar o caduco mundo burguês, em que nascemos e cujas injunções sofremos. Mas não creio que uma simples "estruturação política" venha a salvar o mundo. Creio em Deus Padre Todo Poderoso, e gostaria de ver a humanidade cristianizada. Porque – permita-me a ousadia – o mundo se descristianizou, descristianizaram-se os próprios cristãos, os próprios homens da Igreja. Por isso, julgo que não há nada mais necessário do que uma revitalização da cristandade, amolecida em séculos de burguesia pagã. Vejo, com alegria, que no Brasil já se inicia esse processo de revitalização, inspirado nas fontes candentes de vida da doutrina católica, encetado por alguns moços, que têm em homens como Tristão de Ataíde, Murilo Mendes, Fernando Carneiro e Sobral Pinto exemplos de uma enorme eloquência.

Haverá uma nova orientação para a literatura?

Acho que a revolução literária deste século ainda não se completou, como não se completou, tão longe!, digamos, uma revolução social ou política. Desde alguns anos, a literatura tomou rumos inéditos. Espero que ela continue em sua rebeldia, e é à nova geração literária que cabe recusar as poltronas.

Qual deve ser, em sua opinião, a contribuição do artista na formação política do povo?

Esta pergunta me põe diante de mim a velha e já tediosíssima questão arte-política. Não escondo meu enfado em respondê-la. Julgo necessário repetir primeiro que a arte, assim como não se submete a qualquer escravidão moralizante, também não se resigna à posição de serva da política. Isto é coisa evidente que só os imbecis interessados negarão.

Como *artista*, penso que essa contribuição se faz dificílima, especialmente no Brasil, onde o povo, infelizmente, por razões óbvias, ainda não toma conhecimento dos que fazem arte. É uma contribuição nula.

Encurto a conversa, deixando claro que não acredito em arte dirigida. Qualquer tentativa nesse terreno, como falsificação que é, me irrita profundamente. Que me perdoem os "artistas" e os "gênios", tão numerosos hoje em dia...

Quais os autores que mais o influenciaram e os que vê mestres de sua geração?

Não vou citar nomes. Li vários autores que, especialmente na adolescência, me influenciaram (mas em que sentido pergunta o inquérito?) bastante.

Será difícil apontar os mestres de minha geração. Na literatura brasileira, nos apegamos aos escritores modernos, de que seria justo destacar, pela sua ação de presença, o paulista Mário de Andrade.

Certo, outros citarão nomes e não será esquecido o de André Gide. Desaprovo, porém, a citação, ainda que veja no autor de *Si le grain ne meurt...*[182] um autêntico espírito do século XX.

---

[182] Autobiografia do escritor francês André Gide da infância até o noivado, *Se o grão não morrer* foi publicada em 1924. O título alude ao livro bíblico de João, capítulo 12, versículos 25-26. Na biblioteca de Otto, sob a guarda do Instituto Moreira Salles, constam 14 títulos de André Gide, entre eles um exemplar em francês de *Si le grain ne meurt* (Paris: Gallimard, 1945).

Quanto a mim, seria meio longo rebuscar as raízes de minha formação, não apenas literária. Muita gente contribuiu para ela, de várias maneiras.

Mas aviso que descreio dos mestres, desde que estou certo de que o Mestre é o Cristo.

Adesão ao herói de nosso tempo[183]
Otto Lara Resende

O desejo de evasão foi sempre e sempre será um motivo poético dos mais fecundos. Em algumas épocas, ele se torna epidêmico e assume o aspecto de um cacoete. Fatalizado a viver num mundo curto, insuficiente e, por isso mesmo, passageiro, o poeta se entrega aos mitos da poesia que são, em última análise, muito mais reais do que a duvidosa e insólita realidade do mundo. É também esse, o dos mitos, um mundo além do mundo. Com esse "pays de nulle part"[184] sonham os insatisfeitos e os rebelados: "Fuir! Là-bas fuir! Je sens que des oiseaux sont ivres!"[185]

O desejo de evasão tem o seu verbo, conjugado em todos os tempos: partir. Feita a aventura, o poeta verifica, porém, que apenas "morreu um pouco". É o que Baudelaire exprime nos versos magníficos de "Le Voyage".[186]

> Pour l'enfant, amoureux de cartes et d'estampes,
> L'univers est égal à son vaste appétit.
> Ah! que le monde est grand à la clarté des lampes!
> Aux yeux du souvenir que le monde est petit![187]

---

[183] Artigo sobre o livro *O ex-mágico*, de Murilo Rubião, publicado no jornal *Estado de Minas* em 07/12/1947. (Fonte: Acervo Murilo Rubião/Acervo de Escritores Mineiros/Centro de Estudos Literários e Culturais/UFMG.)

[184] Termo que designa lugares ou mundos imaginários. No caso, Otto parece fazer menção à "Terra do Nunca", criada por J. M. Barrie em *Peter Pan*.

[185] Citação da segunda estrofe do poema "Brise marine", de Stéphane Mallarmé. Na tradução de Augusto de Campos, "Fugir! Fugir! Sinto que os pássaros são livres".

[186] Último poema do livro *Flores do mal*, no qual Baudelaire aborda o tema da evasão.

[187] Primeira estrofe da primeira parte do poema, na tradução de Ivan Junqueira: "Para a criança, que adora olhar mapas e telas, / O universo se iguala ao seu vasto apetite. / Ah, como é grande o mundo à tíbia luz das velas! / E na saudade quão pequeno é o seu limite!".

O poeta de hoje sabe que o universo é pequeno. A terra, devastada em todos os sentidos, oferece pouca margem para a aventura. O mundo está sem segredo, Rimbaud foi o último poeta andante, e esgotou um caminho, sufocado em silêncio. Ir para o Oriente, hoje, pode ser uma simples operação burocrática, própria para o burguês diplomata Claudel. Ou um equívoco inútil, como o sabe o degaulista Malraux.

Nem por isso, contudo, desapareceu a raça dos inconformados. Contra eles, é verdade, se arma o mundo, cada vez mais aparelhado para a fruição da mediocridade. Eles resistem, porém; e existem, apesar de tudo. Sem possibilidades de fuga dentro de um mundo sem surpresas, adotam uma nova forma de evasão, uma evasão para dentro, ou: uma invasão. O poeta de nosso tempo está invadido de si mesmo. Num movimento de introspecção, sem mover um passo, ele descobre um continente rico e inesgotável: o seu mundo, o mundo interior.

Eis, de novo, aberto o caminho de uma fascinante abertura para o artista. Nesse continente, onde os novos tempos plantaram uma bandeira de desespero, o poeta vai agora operar. A imaginação tem, aí, voo curto, mas há todo um reino a ser inventado, ou reinventado. É uma era de descobrimentos, que, dobrando o artista sobre si mesmo, numa descida interminável nesse "puits de Babel",[188] alarga a visão do homem e amplia, em profundidade, os seus sempre limitados, por demais limitados, horizontes!

Kafka é o novo símbolo. A sua voz ecoa, voz familiar e necessária: "Não é preciso que saias de casa. Fica assentado à mesa e escuta. Nem mesmo esperes, permanece silencioso e solitário. O mundo vai oferecer-se a ti para ser desmascarado, não poderá impedir que o faças. Extasiado, ele se contorcerá em grandes círculos em torno de ti".[189] O herói romântico,

---

[188] Poços de Babel.
[189] Esta tradução, provavelmente, foi feita por Otto a partir de edição em francês ou espanhol de algum livro de Kafka. Na biblioteca de Otto, hoje no Instituto

perseguidor do sonho, está substituído. Um outro herói se levanta: um herói solitário, triste, desesperado. Um poderoso e viril herói do subsolo, perseguido, ainda aí, nesse "terrier" em que se situa, por sombras exasperantes e terríveis, que a sua consciência não permite se esvaneçam ou se apaguem.

É preciso escapar – o novo herói sabe disso. Os monstros estão nos seus calcanhares. É preciso escapar sempre e cada vez mais até uma constatação dolorosa: escapar a si mesmo. Em casa, "junto da lâmpada, no quarto silencioso", não há também segurança: "como se tivéssemos acendido a luz para pô-los ao nosso encalço". O homem, mais do que nunca, está só, e está perseguido por si mesmo: é o medo. E a náusea. A última porta, que abre sobre uma região de ressonâncias infinitas, está trancada: a infância. O nosso herói perdeu a solidariedade de si mesmo: resta um espectro. Um espectro sem passado e sem futuro, curvado ante o espetáculo de seu próprio mistério. Para ele, tudo é incompreensível e é impossível, e porque é impossível, tudo se tornou possível. Uma nova lógica, ainda obscura e indefinível, está criada, fendida pela cunha forte do sobrenatural.

◆◆◆

Moreira Salles, do Rio de Janeiro, constam sete títulos do autor tcheco, com datas entre 1938 e 1985, sendo três em francês. Há duas traduções para este aforismo de Kafka em português brasileiro: *Contos, fábulas e aforismos*, Ed. Civilização Brasileira, 1993 (seleção de Ênio Silveira) e *Essencial Franz Kafka* – Ed. Penguin Classics Cia. das Letras, 2011, seleção e tradução Modesto Carone. Tradução de Ênio: "Não precisas sair de teu quarto. Permanece sentado à tua mesa e escuta. Não, nem mesmo escutes, simplesmente espera. Não, nem mesmo esperes. Fica imóvel e solitário. O mundo simplesmente se oferecerá a ti, para ser desmascarado. Ele não tem escolha, e acabará rolando em êxtase a teus pés" (p. 121). Tradução de Carone: "Não é necessário que você saia de casa. Fique junto à sua mesa e escute. Nem mesmo escute, só espere. Nem mesmo espere, totalmente em silêncio e sozinho. O mundo irá oferecer-se a você para o próprio desmascaramento, não pode fazer outra coisa, extasiado ele irá contorcer-se a seus pés" (p. 208).

Quero falar de um livro que se coloca perfeitamente dentro destas considerações: *O ex-mágico*, de Murilo Rubião, agora publicado pela Editora Universal. Começarei por falar de dois personagens que não sei se existem realizados literariamente. Não têm nomes, nada possuem. Um nasceu, uma madrugada, de dentro de um esgoto. Sem mais nem menos, ali de debaixo daquela tampa de ferro em frente à Feira de Amostras, em Belo Horizonte, ele surgiu. Um personagem sem passado, sem ligações, portanto, com o presente. Um homem nascido do esgoto, um homem que tem apenas a si mesmo, ao qual tudo foi negado. O outro personagem é um estranho viajante, de um estranho navio. Um dia, no porto, ele embarca. Mas o navio não se afasta da costa. Só ele, porém, percebe que o vapor está parado. Quando tenta comunicar essa descoberta simples aos seus companheiros de viagem, tomam-no como louco. Ele sabe, porém, que não está efetivamente viajando. Ele sabe que não vai a parte alguma, que está condenado.

Eis aí dois personagens típicos do contista Murilo Rubião. Conheço-os apenas através da palavra de seu autor, um torturado autor que com uma paciência incrível, que os seus amigos bem conhecem, busca dar forma a uma estranha fauna. Esquisitos personagens esses que nascem do esgoto, sem infância, sem passado, sem direito à evasão, porque o navio, preso por uma força misteriosa ao porto, não viaja. É o herói de que há pouco falávamos, não é outro. É o herói do nosso tempo, triste e desamparado herói!

A luta dos que procuram dar-lhe forma é uma luta áspera, a do exprimir o inexprimível. Porque é aí, na zona do indizível, que ele se coloca. É preciso arrancá-lo ao silêncio, arrancando pedaços de seu desespero, de sua solidão, de sua tristeza.

Há, em todos estes quinze contos de Murilo Rubião, agora reunidos em livro, uma constante visível, consequente da colocação do autor diante da vida e de seus problemas. Os contos são, aparentemente, fantásticos. O leitor, logo às primeiras páginas, fica prevenido para tudo que acontecer, porque tudo pode acontecer. Há, todavia, uma lógica ligando os acontecimentos que comunicam ao leitor uma insegurança e um mal-estar que é o primeiro sinal de que alguma coisa se quebrou. Quebraram-se os moldes tradicionais, quebrou-se o cotidiano, com a irrupção pura e simples do mistério, do inexplicável. Quase tudo, em Murilo Rubião, é inexplicável mas está marcado de verossimilhança. Um homem de boné cinzento vai morar numa rua quieta. Ninguém sabe quem é esse homem: chama-se Anatólio. Chamasse Nabucodonosor, nós, como o irmão de Artur, nada temos com ele. De repente, porém, o homem passa a nos interessar. Sentimos que temos, sim, muito a ver com ele.

Quanto Anatólio desaparece, vai ficando transparente até virar só perfil, com o coração parecendo estar dependurado na maçaneta da porta, uma esquisita tristeza nos invade. Não sabemos quem é Anatólio, mas já estamos irmanados, preparados para o fantástico, agora tão real: Anatólio vomita fogo que varre a ruazinha quieta, e a intranquiliza. Nossa alma, como a de Artur, fica então reduzida, diminuída, e uma angústia desconhecida a transforma numa bolinha negra, tal como sucedeu, exatamente, a Artur.

Da leitura do conto fica-nos uma salsugem de tristeza, um vácuo se abre no leitor. Ele sente que alguma coisa lhe foi transmitida através de uma narrativa tão louca, que a princípio nada tinha a ver conosco. Quase todos os contos de O *ex-mágico* nos comunicam esse sentimento triste e sufocante. O autor nos fala por símbolos, quebra a nossa lógica de todo dia, sobre um novo caminho. Sente-se, então, a força da parábola, uma nova forma de parábola que tem, frequentemente, a nudez e o imprevisto das parábolas bíblicas.

Como o homem do boné cinzento, outros personagens realizam o impossível. Um pobre e desencantado funcionário público outrora fez mágicas, as mais mirabolantes. No entanto, permanecia amarrado ao tédio (O tédio asfixia, aliás, todo o livro). Num momento em que precisou fazer um passe salvador, o mágico falhou e continuou amarrado ao seu tédio. Uma fresta de luz, porém, se introduziu em sua vida: "Como eu amo agora as criancinhas!".

Essa luz é o amor. Um amor que resiste a tudo, de uma fidelidade totalmente doida. É o amor do marido de Bárbara por sua mulher; um amor levado até as últimas consequências, que não se destrói apesar das piores conspirações. Bárbara apenas sabia engordar e pedir. Pede o mar, pede uma árvore, pede um navio, pede uma estrela. Seu filho, a única coisa que ela deu ao marido, foi "um ser raquítico e feio, pesando menos de um quilo".

Ele, porém, a ama, e a serve. Não pode desprender-se, é um escravo de seu amor, um amor inexplicável, mas que o sustenta.

É sempre assim. É assim com "Alfredo", um conto dotado de excepcional poder, um conto que marca: uma criação autêntica. Alfredo se transformou num dromedário e apenas bebe água. Seu irmão, todavia, o ama, fica-lhe fiel, seguindo-o do vale à montanha, da montanha ao vale, em busca de uma paz que não existe, que nenhum dos dois encontrou: nem o que fugiu para o fantástico, transformando-se num camelo, nem o que se amarrou à realidade, casando-se e vivendo pacatamente numa aldeia. Tudo é irremediável. O amor existe, mas não consola. Antes, é motivo para o desespero, como em "A noiva da casa azul", onde o irremediável e a melancolia atingem o desvairamento. Um conto trágico, que dói pela força cega de uma fatalidade, de um destino mais alto, desconhecido, que dirige, de resto, todos os atos humanos. Os homens, são, por isso mesmo, condenados, como Anatólio, como José Ambrósio, que trabalhava liricamente num jornal que não circulava, que não tinha linotipos, que não tinha nada. José Ambrósio tinha apenas o seu amor por Marina, a Intangível (sempre a intangível), a sua poesia, que, ao fim de tudo, pouco vale, ou nada, ou é uma simulação como os músicos que sopravam instrumentos silenciosos... Não há fuga. Godofredo sabe disso: "Desejava pensar no que me acontecerá amanhã e senti que a vida se repetiria incessantemente sem possibilidades de fuga, silêncio e solidão". Godofredo muda de mulher, acontecem-lhe coisas, mas nada sabe. Sucumbe ante o desconhecido: "que inimigos seriam eles?".

O mesmo amor, fiel até a loucura, que aparece em "Bárbara", encontra-se também em "O bom amigo Batista". Uma fidelidade ao ser amado que conduz ao sacrifício pessoal, a uma autofagia, mas que nunca trai. Porque é este o destino do amor, o destino de resistir inexplicavelmente a tudo, até às exigências e às traições mais absurdas.

Poderia ainda prolongar as considerações sobre o livro de Murilo Rubião. *O ex-mágico* é um livro rico, cheio de sugestões. É um testemunho artístico de nosso tempo. Um livro que espantará o leitor, e provocará a sua adesão ou repulsa. Jamais o deixará indiferente. Creio, contudo, que a adesão a esse livro já está dada. Sentimos que nele estamos empenhados, porque é um livro que procura deter, e detém, por um momento, o misterioso jogo do destino do homem, do nosso destino.

Na literatura brasileira, de onde a civilização parece ausente, *O ex-mágico* é um livro raro. Um livro que merece uma consagração e que, por isso mesmo, talvez não a obtenha... Eu, de minha parte, admiro daqui o mineiro Murilo Rubião, pois não seria possível permanecer indiferente diante de um livro que tocou alguma coisa de essencial em mim.

Não me resta mais do que convidar o leitor a buscar esse estremecimento salutar, com a leitura de *O ex-mágico*, um livro onde, por trás de todas as aparências, se encontra uma face conhecida e obscura, misteriosa e lógica: a face do homem.

Depoimento e vida[190]

Murilo Rubião

Considero ainda perfeitamente válido o depoimento meu que está na segunda edição de *O pirotécnico Zacarias*.[191] O da primeira é puro surrealismo do meu entrevistador.[192] Vou ampliar um pouco o que disse em 1974 e evitar o tom sentencioso de certas passagens.

No mais, nasci em Silvestre Ferraz, que antes fora Nossa Senhora do Carmo do Rio Verde e hoje se chama Carmo de Minas. Lá vivi entre livros, com avô, pai, tio e primos escrevendo (o bisavô Noronha já começara a pintar a igreja local). O melhor de todos eles, Godofredo Rangel, me ensinaria, mais tarde, alguns truques literários, enquanto meu pai me obrigava a ler os clássicos. Meus estudos, a partir do segundo ano de grupo, foram

---

[190] Este texto é um datiloscrito de cinco páginas sem título ou data, localizado no Acervo Murilo Rubião. Após pesquisas, foi possível identificar que se tratava de um texto lido na Semana do Escritor Brasileiro, ocorrida no Auditório da Biblioteca Mário de Andrade, em São Paulo, em 28/03/1979. Com o subtítulo "Depoimento e Vida", o evento contou com a participação de diversos escritores, como Cyro dos Anjos, Menotti Del Picchia, Rubem Braga, Autran Dourado, Nélida Piñon, Lygia Fagundes Telles, Gilberto Freyre, Mario Quintana e Fernando Sabino, entre outros. O áudio do depoimento e a conversa com os presentes, com duração total de 50 minutos e nove segundos, encontra-se disponível no site da Biblioteca Mário de Andrade. A transcrição foi feita a partir do cotejo entre o texto e o registro de áudio, uma vez que, durante sua fala, Murilo insere informações sobre alguns episódios que se encontram apenas indicadas no datiloscrito. Nessas ocasiões o leitor encontrará notas indicativas das inserções (Fonte: Acervo Murilo Rubião / Acervo de Escritores Mineiros / Centro de Estudos Literários e Culturais / UFMG).

[191] Publicada em 1975.

[192] Trata-se do texto "O fantástico Murilo Rubião", elaborado pelo jornalista José Adolfo de Granville Ponce (1933-2015), publicado como prefácio à primeira edição de *O pirotécnico Zacarias* (São Paulo, Ática, 1974).

feitos em Belo Horizonte, onde se deu a minha formação intelectual. Em 1942 formei-me em Direito. Segui carreira burocrática no serviço público de Minas, com um intervalo de quatro anos na área federal, servindo o Brasil na Espanha. Aposentei-me como diretor de Publicações da Imprensa Oficial, onde o melhor que fiz foi fundar o *Suplemento Literário de Minas Gerais*.

Devo acrescentar que não me casei, não tive filhos, não plantei árvores. Apenas alguns arbustos.[193]

Minha opção pelo fantástico foi herança da infância, das intermináveis leituras de contos de fadas, do *Dom Quixote*, da *História Sagrada* e de *As Mil e uma Noites*. Ainda: porque sou um sujeito crédulo e nunca me espanto com o sobrenatural, com os instantes mágicos. E isso tudo aliado a uma invencível sedução pela atmosfera onírica das coisas.

A mesma credulidade com que ouvia as infindáveis histórias de Maria do Chico, uma preta velha, me acompanha até hoje e está presente em toda a minha literatura. Segundo Davi Arrigucci Júnior, no prefácio de *O pirotécnico*, "o que primeiro pode espantar o leitor de Murilo é que suas personagens principais, a exemplo do ex-mágico, não se espantam nunca, apesar do caráter insólito dos acontecimentos que vivem e presenciam. A consideração natural de fatos sobrenaturais, essa espécie de paralisação da surpresa, certamente encontrará um eco oposto em quem lê desprevenido: o susto e, logo, a desconfiança de ser objeto de burla, vítima de ilusionismo do mágico".[194]

O mistério sempre foi uma constante na minha vida e na dos meus antepassados. A começar pelo meu avô paterno, homem de uma vasta cultura humanística que, dizem,

---

[193] Referência ao fim do último capítulo ("Das negativas") de *Memórias Póstumas de Brás Cubas*, de Machado de Assis, que termina os seguintes dizeres: "Não tive filhos, não transmiti a nenhuma criatura o legado da nossa miséria".

[194] Para mais informações, ver o texto "O mágico desencantado ou as metamorfoses de Murilo", de Davi Arrigucci Júnior, publicado como prefácio à segunda edição de *O pirotécnico Zacarias* (1975).

abandonou apreciáveis haveres, onde incluíam fazendas e escravos em Mangaratiba, para montar uma farmácia em Silvestre Ferraz. Tinha 45 anos e jamais mencionou a alguém os motivos de ter escolhido para morar uma pequena cidade, inteiramente desconhecida para ele até o dia em que abandonou suas coisas no estado do Rio de Janeiro. Lá se casou com uma senhora, muito religiosa, já na casa dos 30 anos, que aceitou uma estranha exigência absurda do futuro marido: o casamento seria celebrado na entrada da igreja – a mulher ficaria de dentro e ele, de fora. E é verdade. Tudo isso por ser ele um ateu convicto...

Curiosa também é a história de um meu ancestral marinheiro, personagem de um dos primeiros contos que escrevi – "Ofélia, meu cachimbo e o mar". Era ele capitão de navio negreiro. Estatura gigantesca, ombros largos, que desde rapaz navegava em veleiros que iam à cata de negros para as lavouras do país.

Fisionomia dura, barba negra, a boca sem os dentes da frente compunham a sua figura bastante temida pelos marujos e escravos.

Para provar a força e a coragem dele, contavam que, certa vez, quando uma tremenda tempestade ameaçava afundar o seu barco e de terem vários marinheiros caído no mar, tentando baixar as velas, ele subiu sozinho, mastro acima, e as arreou. A façanha lhe custou boa parte da dentadura, pois teve que se agarrar, com as mãos e os dentes, a panos e cordas, para evitar uma desastrosa queda.

Com a abolição da escravatura, José Henrique Rubião retirou-se para uma fazenda, onde passava os dias estirado numa rede.

Em alguns momentos, no embalo da nostalgia, decidia-se retornar ao comando de uma nave qualquer. Agitado, compulsava mapas, ou pegava de uma velha roda de leme e ia para o alto de um morro para simular ordens de comando.

Depois, os altos cumes da Mantiqueira, escondendo-lhe o oceano, a certeza que jamais poderia comandar navios negreiros, faziam com que ele retornasse à rede. Tio Luiz,¹⁹⁵ irmão de meu pai, foi o primeiro contista da família.¹⁹⁶ Mas também não deixou de ser um tanto pitoresco, um tanto estranho. Ele levou a vida inteira pescando. Ele trabalhava somente na época da desova, evidentemente porque ele pescava somente no mesmo lugar, no Rio Verde, para não acabar com os peixes. Na época da desova, ele, como era topógrafo, media divisa de fazendas e depois voltava à pescaria, o tio-avô marinheiro voltava à rede.¹⁹⁷

Fernando Sabino descobriu a minha vocação pelo fantástico.¹⁹⁸ Antes, os meus trabalhos giravam em torno da loucura,

---

¹⁹⁵ Trata-se do escritor e jornalista Luiz José Álvares Rubião, pai da artista plástica Aurélia Rubião (1901-1987) e irmão de Eugênio Álvares Rubião (pai de Murilo). Luiz Álvares Rubião publicou os volumes *A pesca no Estado de Minas Gerais* (1912), *Álbum da Varginha* (1918) e *O leão do mar* (1947). No arquivo de Murilo constam duas cartas de Álvares Rubião, datadas de 11/12/1947 e 16/05/1948. A primeira é endereçada a Murilo, contendo considerações sobre o livro *O ex-mágico* (1947). Já na segunda, endereçada a Eugênio Rubião, Álvares pede ao irmão que o auxilie a encontrar "uma solução prática", pois Álvares e Murilo concorreram como finalistas ao prêmio literário Othon Lynch B. de Mello, ofertado pela Academia Mineira de Letras – Álvares com o livro *O leão do mar* e Murilo com *O ex-mágico*. A solução consistia na "divisão do prêmio". Entretanto, isso não aconteceu, sendo o prêmio entregue a Murilo.

¹⁹⁶ No datiloscrito consta, neste trecho, a anotação "(Tio Luiz, o primeiro contista da família)", provavelmente a fim de sinalizar, para ele mesmo, o momento em que introduziria, durante sua fala, o "caso" que relata em seguida.

¹⁹⁷ É possível perceber, nesse trecho, além de uma confusão entre a figura do tio e a do personagem José Henrique Rubião, uma contaminação entre biografia e ficção na construção da história dos personagens familiares de Murilo. No plano da ficção rubiana, tal fato pode ser observado nos contos "O ex-mágico", "Ofélia, meu cachimbo e o mar" (em que o personagem é um bisavô de nome José Henrique Ruivães) e "Memórias do contabilista Pedro Inácio", no qual o protagonista, a fim de conhecer "o motivo de minha irresistível atração pelo amor e pela contabilidade", dedica-se a desenvolver estudos genealógicos para conhecer a história de seus ancestrais.

¹⁹⁸ Em 02/11/1941 Murilo publica, na *Folha de Minas*, a crônica "Fernando Tavares Sabino". Além de traçar um perfil do amigo e discorrer acerca das

hospícios. Estávamos em 1940, eu com 24 anos e Sabino com 17 e já com um livro no prelo – *Os grilos não cantam mais*.[199] Não se pode falar isso com ele não, porque ele briga.

Éramos colegas de jornal – *A Folha de Minas*[200] –, onde eu dava um plantão solitário, a partir das dez horas da noite. O serviço era pouco, pois àquela hora, os redatores estavam nas oficinas do jornal, distantes da redação, cuidando do noticiário internacional, muito importante naqueles dias da II Guerra Mundial. Se não havia crimes, suicídios, ficava eu a matutar histórias. Uma delas – "Eunice e as flores amarelas",[201] nitidamente machadiano –, contei ao Fernando como sendo um sonho, porque a história era tão fantástica que eu não tive coragem de falar que eu tinha imaginado, era um sonho. Ele ouviu com paciência o relato e me disse: "Isso dá um conto, mas não é preciso mencionar que ele nasceu de um sonho". Aí começou a minha trágica carreira no fantástico.

Os meus contos devem muito a Cervantes, Gogol, Hoffmann, von Chamisso, Máximo Bontempelli, Pirandello, Nerval, Poe, Henry James. Mas o autor que realmente me

---

condições em que se conheceram e se tornaram amigos, Murilo faz uma apreciação do primeiro livro de Sabino, *Os grilos não cantam mais*.

[199] No acervo de Murilo, o exemplar de *Os grilos não cantam mais* (Rio de Janeiro, Irmãos Pongetti Editores, 1941) exibe a seguinte dedicatória do autor a Rubião: "Ao Murilo 'Grão Mongol',/ o/ Fernando/ 'benjamin'". Esta dedicatória traz à tona uma personagem que aparecerá em uma série das primeiras narrativas de Murilo, publicadas na imprensa de Belo Horizonte – o "Grão Mogol", um cidadão excêntrico, dotado de poderes mágicos e uma fortuna em diamantes, sobre quem não se sabia ao certo se tinha 90 anos e 40 mulheres, ou 40 anos e 90 mulheres.

[200] Conforme cronologia elaborada por Murilo, ele ingressa n'*A Folha de Minas* como redator em 1938, "função que exercerá por mais de dez anos" (Arquivo Murilo Rubião).

[201] Este conto não foi republicado em livro por Murilo Rubião, tendo sido veiculado apenas em periódicos. No Arquivo de Murilo Rubião constam recortes que atestam a circulação do conto nas seguintes publicações: *Roteiro*, São Paulo, 15 jul. 1943; *Anuário Brasileiro de Literatura*, de 1940, editado em outubro de 1941; revista *Belo Horizonte*, em maio de 1941.

influenciou foi Machado de Assis, talvez meu único mestre. Li e reli exaustivamente as suas obras.

Álvaro Lins viu na minha ficção certa semelhança com a obra de Kafka.[202] Entretanto só vim a saber da existência do escritor tcheco em 1943, através de uma carta de Mário de Andrade[203] e quando eu já havia escrito a maior parte dos contos d'*O ex-mágico*. Acredito que Kafka, como eu, tenha sido influenciado pelo Velho Testamento e pela mitologia grega. O que é *A metamorfose*[204] e meu "Teleco"[205] senão a reinvenção do mito de Proteu, pastor do rebanho marinho de Netuno, que

---

[202] O crítico literário Álvaro Lins (1912-1970) apontou semelhanças entre as obras de Rubião e de Kafka no artigo "Os novos", publicado em 02/04/1948 no jornal *Correio da Manhã*, do Rio de Janeiro. Posteriormente este texto foi publicado no livro *Os mortos de sobrecasaca* (1963) com o título "O 'mágico' lançado ainda mais para a zona de Kafka: os contos de Murilo Rubião". Na biblioteca de Murilo consta um exemplar do livro.

[203] Murilo se refere à carta enviada por Mário de Andrade em 16 de junho de 1943. Nesta, o autor de *Macunaíma* remete um conjunto de notas de leitura sobre alguns contos enviados por Murilo. No primeiro dos dois conjuntos de anotações, o escritor paulista assim descreve as características da ficção rubiana: "Um humorismo áspero, revoltado; um sarcasmo maltratante que provoca a invenção do caso – invenção que é rara e curiosamente impositiva. Dominadora. É estranho mesmo como, passado o primeiro momento fatal em que a gente verifica que está lendo um caso impossível de suceder e às vezes se preocupa uns dois minutos com um possível símbolo, uma alegoria escondida no reconto (e é perigo a evitar cuidadosamente no seu caso): o mais estranho é o seu dom forte de impor o caso irreal. O mesmo dom de um Kafka: a gente não se preocupa mais, e preso pelo conto, vai lendo e aceitando o irreal como se fosse real, sem nenhuma reação mais. Serão talvez essas as qualidades e caracteres dominantes e mais notáveis nestes apenas três contos: o humorismo asperamente amargo e a força estranha de apassivar dominadoramente o leitor, impondo o irreal como se fosse real". Para mais informações sobre a recepção de Murilo sobre as impressões de leitura de Mário, bem como a réplica de Mário, consultar as cartas de 23 de julho de 1943 e de 27 de dezembro de 1943, presentes no volume *Correspondência Mário de Andrade & Murilo Rubião* (Edusp, 2016), organizado por mim e Marcos Antonio de Moraes.

[204] Novela de autoria de Franz Kafka (1883-1924), publicada pela primeira vez em 1915.

[205] O conto "Teleco, o coelhinho", editado pela primeira vez no volume *Os dragões e outros contos* (1965).

por detestar predizer o futuro, dom que lhe fora concedido, transformava-se em animais para não o fazer?[206]

Escrevi dois livros que não foram publicados por falta de editor: *Elvira e outros mistérios* e *O dono do arco-íris*. Eles, juntamente com *O ex-mágico*, foram recusados pelas editoras Guaíra, Vitória, O Cruzeiro, Globo, José Olympio e outros de que não me recordo mais.[207] [208] Em 1947, depois de publicado *O ex-mágico* (o livro não foi vendido, mas teve uma boa acolhida da crítica), eu me encontrei com José Olympio num casamento de uma filha de um tio afim, e esse tio afim era vice-diretor de um dos maiores bancos de Minas que financiava a livraria José Olympio. Então ele me perguntou: "mas por que que você entregou para a editora Universal, uma editora pequenininha, e não entregou à editora José Olympio?". Então eu falei: "olha, por incrível que pareça, esse livro foi entregue a você pelo escritor Aníbal Machado e com recomendação do Carlos Drummond de Andrade". Ele sumiu rapidamente, pois com essa fala demonstrou que não havia lido o livro e sequer tinha ideia de que esse havia estado em sua editora.

O ex-mágico saiu em 1947, um ano depois de *Sagarana*, ambos editados pela Editora Universal e por interferência de Marques Rebelo, que também publicou o meu primeiro conto em antologia: *Pequeña antología de cuentos brasileños* (Editorial Nova, Buenos Aires, 7 de janeiro de 1946).[209] Até hoje

---

[206] No datiloscrito consta, neste trecho, a anotação manuscrita "(copiar trecho da carta do Mário)".

[207] No Arquivo Murilo Rubião, na série Correspondência, há uma pasta intitulada "O ex-mágico – correspondência", que permite traçar a história, as transformações e os percursos dos três livros pelas editoras mencionadas até que, finalmente, fosse publicado *O ex-mágico*.

[208] No datiloscrito consta, neste trecho, a anotação "(episódio com José Olympio)", provavelmente a fim de sinalizar, para ele mesmo, o momento em que introduziria, durante sua fala, o "caso" que relata em seguida.

[209] No datiloscrito consta, neste trecho, a anotação "(O meu único encontro com Guimarães Rosa e a minha gratidão por Marques Rebelo)".

eu guardo muito bem essa antologia porque já disseram que eu tenho influências de Cortázar, de Borges, e, no entanto, em 1946, Borges ainda não tinha publicado os contos do realismo mágico e fantástico dele, e o Cortázar foi em 1951. Bom, isso não tem a menor importância, mas o livro é um documento de uma influência que realmente eu não tive. O *Sagarana*, do Guimarães Rosa, nos uniu muito porque também o Guimarães Rosa teve o livro recusado por várias editoras, além de ter perdido um célebre concurso da livraria José Olympio. Mas infelizmente eu nunca me encontrei com o Guimarães, a não ser uma certa vez que houve um desencontro, dessas coisas mais chatas possíveis. Eu ia trabalhar na Espanha e o Nogueira, vice-presidente da [ ]bras, embaixador Nogueira, perguntou se eu não queria uma documentação sobre a Espanha, que o Itamaraty tinha uma excelente. Então eu fui lá. Isso no Rio de Janeiro. O Itamaraty tinha um elevador, pequeno. Aí eu fui apresentado a um senhor, de gravata borboleta, que segurou a minha e falou assim "Murilo Rubião, como eu gosto dos seus contos, como eu gosto do 'ex-mágico'", e eu muito incomodado, porque ele não largava a minha mão. Aí ele saiu pelo corredor, nós entramos à esquerda, aí eu perguntei para o rapaz que estava comigo, o João Pinheiro Netto, "quem é esse cara de gravata borboleta?". Ele respondeu "é o Guimarães Rosa". Eu falei "nossa senhora", eu não falei em *Sagarana*, livro que gostei imensamente, e além de tudo fomos colegas de um grande infortúnio, essa luta por encontrar uma editora. E infelizmente nunca mais estive com Guimarães.

    Reelaboro a minha linguagem até a exaustão, numa busca desesperada da clareza. Devo essa preocupação a outro mestre: Flaubert. Também li recentemente que Vargas Llosa, numa entrevista que deu a uma revista americana, confessa sua tortura em reelaborar a sua escrita.

    Nunca me preocupei em dar um final aos meus contos. Usando a ambiguidade como meio ficcional, procuro fragmentar minhas histórias ao máximo, para dar ao leitor a certeza de que elas prosseguirão indefinidamente, numa indestrutível repetição cíclica.

Em 1975 O *pirotécnico Zacarias* foi incluído pelo vestibular da Universidade Federal de Minas Gerais. E começaram a aparecer os primeiros estudos universitários sobre o meu livro. Confesso que fiquei perplexo com alguns deles. A linguagem era muito hermética para mim e fui obrigado a me debruçar sobre a Linguística, estudar o Estruturalismo, a Antropologia, a Psicanálise. Enfim, tudo o que se relacionasse com o arsenal que usavam para dissecar os meus contos. Contando a um amigo, o escritor Fritz Teixeira de Salles, as minhas últimas descobertas científicas, ele – muito sério – me disse: "Não sei se um ficcionista precisa disso".

Expliquei-lhe que tentava apenas decifrar os meus textos através da crítica moderna. Mas a frase ficou comigo e não demorou muito e cheguei à dura conclusão de que não cabe ao escritor explicar a sua própria obra.

Devo-lhes uma última confissão: sempre aceitei a literatura como uma maldição. Poucos momentos de real satisfação ela me deu. Somente quando estou criando uma história sinto prazer. Depois é essa tremenda luta com a palavra, é revirar o texto, elaborar e reelaborar, ir para frente, voltar. Rasgar.

BIBLIOGRAFIA DE APOIO

ANDRADE, Carlos Drummond de; ANDRADE, Mário de; FROTA, Lelia Coelho; SANTIAGO, Silviano. *Carlos e Mário: correspondência completa entre Carlos Drummond de Andrade (inédita) e Mário de Andrade*. Rio de Janeiro: Bem-Te-Vi, 2002.

ANDRADE, Mário de; BANDEIRA, Manuel. *Correspondência Mário de Andrade & Manuel Bandeira*. Organização, introdução e notas de Marcos Antonio de Moraes. 2. Ed. São Paulo: Instituto de Estudos Brasileiros, Universidade de São Paulo, 2001. (Coleção Correspondência de Mário de Andrade; 1).

ANDRADE, Mário de; LISBOA, Henriqueta. *Mário de Andrade & Henriqueta Lisboa – correspondência*. Organização introdução e notas de Eneida Maria de Souza. São Paulo: Edusp; Peirópolis, 2010. (Coleção Correspondência de Mário de Andrade, 3).

ANDRADE, Mário de; RUBIÃO, Murilo. *Mário e o pirotécnico aprendiz: cartas de Mário de Andrade e Murilo Rubião*. Apresentação de Eneida Maria de Souza. Organização, introdução e notas de Marcos Antonio de Moraes. São Paulo: I.E.B.; Giordano; Belo Horizonte: Ed. UFMG, 1995.

ANGELIDES, Sophia. Cartas e poética. In: ANGELIDES, Sophia. *A. P. Tchekhov: cartas para uma poética*. São Paulo: Edusp, 1995. p. 179-238.

ANGELIDES, Sophia. Carta e Literatura. In: ANGELIDES, Sophia. *Carta e literatura: correspondência entre Tchekhov e Gorki*. São Paulo: Edusp, 2001. p. 15-26.

ANJOS, Cyro dos; ANDRADE, Carlos Drummond de. *Cyro & Drummond: correspondência de Cyro dos Anjos e Carlos Drummond de Andrade*. Organização introdução e notas de Wander Melo Miranda e Roberto Said. São Paulo: Globo, 2012.

ALTER, Robert; KERMODE, Frank (Org.). *Guia literário da Bíblia*. Tradução de Raul Fiker. São Paulo: UNESP, 1997.

COELHO, Nelly Novaes. *Dicionário crítico de escritoras brasileiras: 1711-2001*. São Paulo: Escrituras, 2002.

COUTINHO, Afrânio; SOUSA, J. Galante de. *Enciclopédia de literatura brasileira*. São Paulo: Global, 2001. 2 vol.

DRUMMOND, Thais Ferreira; SOUZA, Eneida Maria de. *Hélio Pellegrino: um ensaio biográfico*. Belo Horizonte: UFMG, 1998. Tese (Doutorado em Estudos Literários) – Faculdade de Letras, Universidade Federal de Minas Gerais, Belo Horizonte, 1998.

DUARTE, Constância Lima (Org.). *Dicionário biobibliográfico de escritores mineiros*. Belo Horizonte: Autêntica, 2010.

GALVÃO, Walnice Nogueira; GOTLIB, Nadia Battela. (Org.). *Prezado senhor, Prezada senhora: estudo sobre cartas*. São Paulo: Companhia das Letras, 2000.

GOMES, Ângela de Castro. Escrita de si, escrita da História: a título de prólogo. In: GOMES, Ângela de Castro (Org.). *Escrita de si, escrita da história*. Rio de Janeiro: Ed. da FGV, 2004. p. 7-24.

LINS, Ronaldo Lima. Caro amigo: as cartas e a construção da identidade moderna. In: *Revista do livro*, Rio de Janeiro: Fundação Biblioteca Nacional, ano 14, n. 45, p. 179-190, out. 2002.

MALATIAN, Teresa. Cartas: narrador, registro e arquivo. In: PINSKY, Carla Bassanezi; DE LUCA, Tania Regina. *O historiador e suas fontes*. São Paulo: Contexto, 2009. p. 195-221.

MEDEIROS, Benicio. *Otto Lara Resende: a poeira da glória*. Rio de Janeiro: Relume Dumará, 1998.

MORAES, Marcos Antonio de. Questões de método: edição de "correspondência reunida" de escritores. In: COLÓQUIO INTERNACIONAL DE ESTUDOS LINGUÍSTICOS E LITERÁRIOS, 3., 2014, Maringá. *Anais ...* Maringá: Universidade Estadual de Maringá, 2014.

RESENDE, Otto Lara. *O lado humano*. Rio de Janeiro: A Noite, 1952.

RESENDE, Otto Lara. *Boca do inferno: contos*. Rio de Janeiro: José Olympio, 1957.

RESENDE, Otto Lara. *O braço direito: romance.* Rio de Janeiro: Ed. do Autor, 1963.

RESENDE, Otto Lara. *Bom dia para nascer: crônicas.* Seleção de Matinas Suzuki Jr. São Paulo: Companhia das Letras, 1993.

RESENDE, Otto Lara. *O Rio é tão longe: cartas a Fernando Sabino.* São Paulo: Companhia das Letras, 2011a.

RESENDE, Otto Lara. *Bom dia para nascer: crônicas publicadas na Folha de S.Paulo.* Seleção de Humberto Werneck. São Paulo: Companhia das Letras, 2011b.

ROSA, João Guimaraães. *Tutaméia: terceiras estórias.* 4. ed. Rio de Janeiro: J. Olympio, 1976.

RUBIÃO, Murilo. *O convidado: contos.* São Paulo: Quíron, 1974.

RUBIÃO, Murilo. *O pirotécnico Zacarias.* 2. ed. São Paulo: Ática, 1975.

RUBIÃO, Murilo. *A casa do girassol vermelho.* 2. ed. São Paulo: 1979.

RUBIÃO, Murilo. *Murilo Rubião.* Seleção de textos, notas, estudos biográfico, histórico e crítico e exercícios por Jorge Schwartz. São Paulo: Abril Educação, 1982. (Literatura Comentada.)

RUBIÃO, Murilo. *Contos reunidos.* Posfácio de Vera Lúcia Andrade. São Paulo: Ática, 1998.

SABINO, Fernando. *Cartas na mesa: cartas de Fernando Sabino a Hélio Pellegrino, Otto Lara Resende e Paulo Mendes Campos.* Rio de Janeiro: Record, 2002.

SABINO, Fernando. *Fernando Sabino: obra reunida.* Rio de Janeiro: Nova Aguilar, 1996. 3 vol.

SANTIAGO, Silviano. *A República das letras. De Gonçalves Dias a Ana Cristina César: Cartas de escritores brasileiros,* 1865-1995. Rio de Janeiro: SNEL, 2003.

SANTIAGO, Silviano. Suas cartas, nossas cartas. In: SANTIAGO, Silviano. *Ora (direis) puxar conversas!: ensaios literários.* Belo Horizonte: Ed. da UFMG, 2006. p. 59-95.

SANTOS, Tatiana Longo dos. *Três Ottos por Otto Lara Resende.* São Paulo: Instituto Moreira Salles, 2002.

TELLES, Célia Marques. Cartas e cartas: senso comum e ética na utilização da correspondência de um autor. *Caderno do Centro de Pesquisas Literárias PUCRS,* Porto Alegre, v. 4, n. 1, p. 17-23, 1998.

Bases de dados eletrônicas consultadas

Acervo de Escritores Mineiros. Centro de Estudos Literários e Culturais. Universidade Federal de Minas Gerais. *Acervo Murilo Rubião – sumário*. Disponível em: < https://www.ufmg.br/aem/Inventario_murilo/sumario_murilo.htm>.

Fundação Casa de Rui Barbosa. Arquivo Museu de Literatura Brasileira. *Base de dados SophiA*. Disponível em: <http://acervos.casaruibarbosa.gov.br/>.

Fundação Getúlio Vargas. Centro de Pesquisa e Documentação de História Contemporânea do Brasil. *Dicionário histórico-biográfico brasileiro*. Disponível em: <http://cpdoc.fgv.br/acervo/dhbb>.

Fundação Getúlio Vargas. Centro de Pesquisa e Documentação de História Contemporânea do Brasil. *Dicionário histórico-biográfico da Primeira República* 1889-1930. Disponível em: <http://cpdoc.fgv.br/dicionario-primeira-republica>. Acesso em: 2 abr. 2016.

Instituto Moreira Salles. *Base de dados SophiA*. Disponível em: <http://acervo.ims.com.br/>. Acesso em: 2 abr. 2016.

Murilo Rubião. Disponível em: <http://www.murilorubiao.com.br/default.aspx>. Acesso em: 2 abr. 2016.

Universidade Federal De Minas Gerais. Biblioteca Da Faculdade De Letras. *Suplemento Literário de Minas Gerais – base de dados referencial*. Disponível em: <http://150.164.100.248/WebSupLit/>.

CRÉDITOS DAS IMAGENS

Contracapa, p. 2-3
Murilo Rubião e Otto Lara Resende na redação do *Suplemento Literário de Minas Gerais*, 23/07/1970. Fonte: Acervo Murilo Rubião (AMR/AEM/CELC/UFMG).

p. 28
Capa do álbum utilizado por Murilo Rubião para guardar a correspondência recebida de Otto Lara Resende. Fonte: Acervo Murilo Rubião (AMR/AEM/CELC/UFMG).

p. 30
Primeira página da carta enviada por Otto a Murilo em 03/11/1947, por ocasião do lançamento de *O ex-mágico*. Fonte: Acervo Murilo Rubião (AMR/AEM/CELC/UFMG).

p. 38
Da esquerda para a direita: Otto, Murilo, Hélio Peregrino, Paulo Mendes Campos e João Dornas Filho de pé em frente à Igreja São José. Belo Horizonte, jan. 1948. Fonte: Acervo Murilo Rubião (AMR/AEM/CELC/UFMG).

Capa, falso-rosto, p. 54
Carta de Otto a Murilo, 30/09/1948. Fonte: Acervo Murilo Rubião (AMR/AEM/CELC/UFMG).

p. 74
Murilo e Otto, Rio de Janeiro, 17/04/1949. Fonte: Acervo Murilo Rubião (AMR/AEM/CELC/UFMG).

p. 76
Poema de Murilo Rubião publicado no jornal *Folha de Minas*, de Belo Horizonte, em 07/01/1945. Fonte: Acervo Murilo Rubião (AMR/AEM/CELC/UFMG).

p. 82
Telegrama de Otto a Murilo, 19/05/1949. Fonte: Acervo Murilo Rubião (AMR/AEM/CELC/UFMG).

p. 86
Bilhete de Otto para Murilo, sem data. Fonte: Acervo Murilo Rubião (AMR/AEM/CELC/UFMG).

p. 89
Bilhete de Otto para Murilo, sem data. Fonte: Acervo Murilo Rubião (AMR/AEM/CELC/UFMG).

p. 100
Juscelino Kubitschek, Murilo Rubião (à direita de JK, de quem era Chefe de Gabinete) e outros em solenidade do Governo de Minas Gerais. Belo Horizonte, 1951. Fonte: Acervo Murilo Rubião (AMR/AEM/CELC/UFMG).

p. 108
Dedicatória de Otto a Murilo em exemplar de *Boca do inferno* [Rio de Janeiro: Jose Olympio, 1957]. Fonte: Acervo Murilo Rubião (AMR/AEM/CELC/UFMG).

p. 113
Carta de Otto a Murilo, 14/06/1957. Fonte: Acervo Murilo Rubião (AMR/AEM/CELC/UFMG).

p. 121
Em pé, da esquerda para a direita: Otto Lara Resende, Fernando Sabino e Paulo Mendes Campos. Sentados: Murilo Rubião e Emílio Moura. Belo Horizonte, 1943. Fonte: Acervo Murilo Rubião (AMR/AEM/CELC/UFMG).

p. 123
Murilo Rubião em seu apartamento. Madri, abril de 1958. Fonte: Acervo Murilo Rubião (AMR/AEM/CELC/UFMG).

p. 141
Murilo Rubião e João Cabral de Melo Neto. Madri, 1959. Fonte: Acervo Murilo Rubião (AMR/AEM/CELC/UFMG).

p. 146
Convite para lançamento do *Suplemento Literário de Minas Gerais*. Fonte: Acervo Murilo Rubião (AMR/AEM/CELC/UFMG).

p. 147
Cartão do *Suplemento Literário de Minas Gerais*. Fonte: Acervo Murilo Rubião (AMR/AEM/CELC/UFMG).

p. 154
Ficha do arquivo de Murilo sobre Otto. Fonte: Acervo Murilo Rubião (AMR/AEM/CELC/UFMG).

p. 159
Otto Lara Resende visita Murilo Rubião na redação do *Suplemento Literário de Minas Gerais*, 23 de julho de 1970. Fonte: Arquivo da Imprensa Oficial de Minas Gerais.

p. 161
Carta de Otto a Murilo, 18 de dezembro 1969. Fonte: Acervo Murilo Rubião (AMR/AEM/CELC/UFMG).

p. 168
Telegrama de Otto a Murilo, 04 de fevereiro 1975. Fonte: Acervo Murilo Rubião (AMR/AEM/CELC/UFMG).

p. 171
Dedicatória de Otto em *As pompas do mundo* [Rio de Janeiro, Rocco, 1975]. Fonte: Acervo Murilo Rubião (AMR/AEM/CELC/UFMG).

p. 173
Rascunho do último telegrama enviado por Murilo a Otto, em 28/08/1991. Fonte: Acervo Murilo Rubião (AMR/AEM/CELC/UFMG).

p. 176
Murilo Rubião, sem local e sem data. Fonte: Acervo Murilo Rubião (AMR/AEM/CELC/UFMG).

p. 180
Otto Lara Resende em visita a redação do *Suplemento Literário de Minas Gerais*, 23 de julho de 1970. Fonte: Arquivo da Imprensa Oficial de Minas Gerais.

p. 184
Da esquerda para a direita: Otto Lara Resende, Aires da Mata Machado Filho, Alphonsus de Guimaraens Filho, Hélio Pellegrino, José Aparecido de Oliveira, Murilo Rubião, Álvaro José de Oliveira, Paulo Mendes Campos, José de Araújo Cotta e J. D. Vital. Homenagem organizada pela Assessoria de Imprensa do Governo de Minas a Murilo Rubião, no Minas Tênis Clube. Belo Horizonte, 06/10/1984. Fonte: Arquivo da Imprensa Oficial de Minas Gerais.

A presente edição foi composta pela Editora UFMG e pela Autêntica Editora e impressa pela gráfica O Lutador, em sistema offset, papel pólen soft 80g/m² (miolo) e cartão supremo 250g/m² (capa), em outubro de 2016.